MP3 다운로드 방법

MP3 사용법

▶ **mp3 다운로드**

www.lancom.co.kr에 접속하여 **mp3** 파일을 무료로 다운로드합니다.

▶ **우리말과 원어민의 1 : 1 녹음**

책 없이도 공부할 수 있도록 원어민 남녀가 자연스런 속도로 번갈아가며 영어 문장을 녹음하였습니다. 우리말 한 문장마다 원어민 남녀 성우가 각각 1번씩 읽어주기 때문에 한 문장을 두 번씩 듣는 효과가 있습니다.

▶ **mp3 반복 청취**

교재를 공부한 후에 녹음을 반복해서 청취하셔도 좋고, 원어민의 녹음을 먼저 듣고 잘 이해할 수 없는 부분은 교재로 확인해보는 방법으로 공부하셔도 좋습니다. 어떤 방법이든 자신에게 잘 맞는다고 생각되는 방법으로 꼼꼼하게 공부하십시오. 보다 자신 있게 영어를 할 수 있게 될 것입니다.

▶ **정확한 발음 익히기**

발음을 공부할 때는 반드시 함께 제공되는 mp3 파일을 이용하시기 바랍니다. 언어를 배울 때 듣는 것이 중요하다는 것은 두말할 필요가 없습니다. 오랫동안 자주 반복해서 듣는 연습을 하다보면 어느 순간 갑자기 말문이 열리게 되는 것을 경험할 수 있을 것입니다. 의사소통을 잘 하기 위해서는 말을 잘하는 것도 중요하지만 상대가 말하는 것을 정확하게 듣는 것이 더 중요하다고 합니다. 활용도가 높은 기본적인 표현을 가능한 한 많이 암기할 것과, 동시에 원어민이 읽어주는 문장을 지속적으로 꾸준히 듣는 연습을 병행하시기를 권해드립니다. 듣는 연습을 할 때는 실제로 소리를 내어 따라서 말해보는 것이 더욱 효과적입니다.

왕초보 영어회화 첫걸음

왕초보 영어회화 첫걸음

2022년 12월 01일 초판 1쇄 인쇄
2022년 03월 25일 초판 5쇄 발행

지은이 이서영
발행인 손건
편집기획 김상배, 장수경
마케팅 최관호
디자인 이성세
제작 최승용
인쇄 선경프린테크

발행처 *LanCom* 랭컴
주소 서울시 영등포구 영신로34길 19
등록번호 제 312-2006-00060호
전화 02) 2636-0895
팩스 02) 2636-0896
홈페이지 www.lancom.co.kr
이메일 elancom@naver.com

ⓒ 랭컴 2022
ISBN 979-11-92199-19-1 13740

왕초보 영어회화 첫걸음

이서영 지음

LanCom
Language & Communication

영어회화를 위한 4단계 공부법

읽기 듣기 말하기 쓰기 4단계 영어 공부법은 가장 효과적이라고 알려진 비법 중의 비법입니다. 아무리 해도 늘지 않던 영어 공부, 이제 읽듣말쓰 4단계 공부법으로 팔 걷어붙이고 달려들어 봅시다!

읽기

왕초보라도 문제없이 읽을 수 있도록 원어민 발음과 최대한 비슷하게 우리말로 발음을 달아 놓았습니다. 우리말 해석과 영어 표현을 눈으로 확인하며 읽어보세요.

✓ check point!

- 같은 상황에서 쓸 수 있는 6개의 표현을 확인한다.
- 우리말 해석을 보면서 영어 표현을 소리 내어 읽는다.

듣기

책 없이도 공부할 수 있도록 우리말 해석과 영어 문장이 함께 녹음되어 있습니다. 출퇴근 길, 이동하는 도중, 기다리는 시간 등, 아까운 자투리 시간을 100% 활용해 보세요. 듣기만 해도 공부가 됩니다.

- 우리말 해석과 원어민 발음을 서로 연관시키면서 듣는다.
- 원어민 발음이 들릴 때까지 반복해서 듣는다.

쓰기

영어 공부의 완성은 쓰기! 손으로 쓰면 우리의 두뇌가 훨씬 더 확실하게, 오래 기억한다고 합니다. 별도의 쓰기 공책을 준비하여 공부한 것을 바로 확인하며 쓰도록 해봅시다. 정성껏 쓰다 보면 생각보다 영어 문장이 쉽게 외워진다는 사실에 깜짝 놀라실 거예요.

✓ check point!

- 적혀 있는 그대로 읽으면서 따라 쓴다.
- 원어민의 발음을 들으면서 쓴다.
- 표현을 최대한 머릿속에 떠올리면서 쓴다.

말하기

듣기만 해서는 절대로 입이 열리지 않습니다. 원어민 발음을 따라 말해보세요. 계속 듣고 말하다 보면 저절로 발음이 자연스러워집니다.

✓ check point!

- 원어민 발음을 들으면서 최대한 비슷하게 따라 읽는다.
- 우리말 해석을 듣고 mp3를 멈춘 다음, 영어 문장을 떠올려 본다.
- 다시 녹음을 들으면서 맞는지 확인한다.

대화 연습

문장을 아는 것만으로는 충분하지 않습니다. 대화를 통해 문장의 쓰임새와 뉘앙스를 아는 것이 무엇보다 중요하기 때문에 6개의 표현마다 대화문을 하나씩 두었습니다.

✓ check point!

- 대화문을 읽고 내용을 확인한다.
- 대화문 녹음을 듣는다.
- 들릴 때까지 반복해서 듣는다.

기본표현

Basic
Expressions

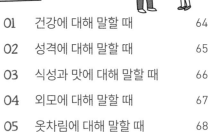

여행표현

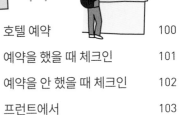

Travel
Expressions

일상표현

Daily
Expressions

 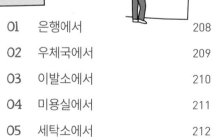

May you succeed!

01
PART

Basic Expressions

✿ 만만하게
✿ 눈으로 읽고
✿ 귀로 듣고
✿ 입으로 소리내어 말한다!

인사

>> 녹음을 듣고 소리내어 읽어볼까요?   << 듣기 >>

안녕하세요! (아침인사)
Good morning!
굿 모닝

안녕하세요! (낮인사)
Good afternoon!
굿 앱터눈

안녕하세요! (밤인사)
Good evening!
굿 이브닝

안녕히 주무세요!
Good night!
굿 나잇

안녕하세요! / 안녕!
Hello! / Hi!
헬로우 / 하이

좋은 하루 되세요.
Have a nice day!
해버 나이스 데이

Conversation

A: Good morning, Tom.
B: Good morning, Jane.
안녕하세요. 톰.
안녕하세요. 제인.

>> 녹음을 듣고 소리내어 읽어볼까요?

 << 듣기 >>

어떻게 지내셨어요?
How have you been?
하우 해뷰 빈

어떻게 지내세요?
How are you doing?
하우 알 유 두잉

요즘 어때요?
How's everything?
하우즈 애브리씽

뭐 새로운 소식 있어요?
What's new?
왓츠 뉴

별일 없어요?
What's going on?
왓츠 고잉 온

가족분들은 잘 지내시죠?
How's your family?
하우즈 유얼 패멀리

Conversation

A: **Hi, Tom. How's it going?**
B: **Pretty good. And you?**

안녕, 톰. 어떻게 지내세요?
아주 잘 지내요. 당신은요?

>> 녹음을 듣고 소리내어 읽어볼까요?   << 듣기 >>

만나서 반갑습니다.
I'm glad to meet you.
아임 글랫 투 밋츄

저 역시 만나서 반갑습니다.
Glad to meet you, too.
글랫 투 밋츄, 투

만나서 기뻐요.
Nice to meet you.
나이스 투 밋츄

만나서 반가워요.
Good to meet you.
굿 투 밋츄

만나서 기뻐요.
It's a pleasure to meet you.
잇처 프레줘 투 밋츄

말씀은 많이 들었습니다.
I've heard a lot about you.
아이브 허드 어 랏 어바웃츄

Conversation

A: Hi, I'm Jane. Nice to meet you.
B: Hi, Jane, Pleasure to meet you. I'm Tom.

안녕하세요, 제인이에요. 만나서 반가워요.
안녕하세요, 제인. 만나서 기뻐요. 난 톰이에요.

Unit 04 오랜만에 만났을 때

>> 녹음을 듣고 소리내어 읽어볼까요? 듣기

오랜만이에요.
It's been a long time.
잇츠 비너 롱 타임

정말 오랜만이에요.
It's been so long.
잇츠 빈 쏘 롱

오랜만이야.
Long time no see.
롱 타임 노 씨

그동안 어떻게 지내셨어요?
How have you been?
하우 해뷰 빈

오랜만이네요, 그렇죠?
It's been a long time, hasn't it?
잇츠 비너 롱 타임, 해즌팃

다시 만나니 반가워요.
I'm glad to see you again.
아임 글래드 투 씨 유 어게인

Conversation

A: **It's nice to see you again! It's been ages.**
B: **Same here, Jane. How have you been?**

다시 만나서 반가워요. 오랜만이에요.
저도요, 제인. 그동안 어떻게 지내셨어요?

<< 듣기 >>

웬일이니!
What a surprise!
와러 서프라이즈

이게 누구야!
Look who's here!
룩 후즈 히얼

세상 정말 좁군요.
What a small world!
와러 스몰 월드

여긴 어쩐 일이세요?
What brings you here?
왓 브링스 유 히얼

당신을 이런 곳에서 만나다니 대박!
Fancy meeting you here!
팬시 미팅 유 히얼

(보고 싶던 참이었는데) 마침 잘 만났어요.
Just the person I wanted to see!
저슷 더 펄슨 아이 윈팃 투 씨

Conversation

A: **Look who's here! How are you, Jane?**
B: **Just fine, Tom. Good to see you again.**

아니 이게 누구야! 잘 있었어, 제인?
잘 지내죠, 톰. 다시 만나 반가워요.

안녕히 가세요(계세요)!
Good Bye!
굿 바이

몸조심하세요.
Take care of yourself.
테익 케어롭 유어셀프

나중에 봐요.
See you later.
씨 유 래이더

또 봐요.
See you around.
씨 유 어롸운드

곧 다시 만나요.
See you again soon.
씨 유 어겐 쑨

브라운에게 안부 전해 줘요.
Say hello to Brown.
쎄이 헬로우 투 브라운

Conversation

A: Good bye, Jane. Say hello to Tom.
B: I will. Say hello to Dick, too.

잘 있어, 제인. 톰에게 안부 전해줘.
그럴게. 딕에게도 내 안부 전해줘.

고마울 때

고마워요.
Thank you. / Thanks.
땡큐 / 땡스

너무 고마워요.
Thanks a lot.
땡스 어 랏

진심으로 감사드립니다.
I heartily thank you.
아이 하틸리 땡큐

와 주셔서 감사합니다.
Thank you for coming.
땡큐 풔 커밍

호의에 감사드립니다.
I appreciate your kindness.
아이 어프리쉬에잇 유얼 카인드니스

도와주셔서 감사합니다.
Thank you for helping me.
땡큐 풔 핼핑 미

Conversation

A: **Thank you for helping me.**
B: **You're welcome.**
도와주셔서 고맙습니다.
천만에요.

미안할 때

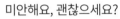

정말 죄송해요.

I'm very sorry.

아임 베리 쏘리

미안해요, 괜찮으세요?

Sorry, are you all right?

쏘리, 알 유 올 롸잇

사과드립니다.

I apologize to you.

아이 어팔러좌이즈 투 유

용서해 주십시오.

Please forgive me.

플리즈 풔깁 미

늦어서 미안해요.

I'm sorry for being late.

아임 쏘리 풔 빙 레잇

제가 한 말에 대해 사죄드립니다.

I apologize for what I said.

아이 어팔러좌이즈 풔 워라이 셋

Conversation

A: I'm sorry I'm late.
B: That's all right.

늦어서 죄송해요,
괜찮아요.

Unit 09 축하할 때

축하합니다!

Congratulations!

컹그래춰레이션스

생일 축하해요.

Happy birthday to you!

해피 벌쓰데이 투 유

결혼을 축하해요.

Congratulations on your wedding!

컹그래춰레이션스 온 유얼 웨딩

성공을 축하드립니다.

Congratulations on your success.

컹그래춰레이션스 온 유얼 썩세스

우리의 승리를 자축합시다.

Let's celebrate our victory!

렛츠 샐러브레잇 아워 빅터리

늦었지만 생일 축하해요.

It's late, but happy birthday!

잇츠 레잇, 벗 해피 벌쓰데이

Conversation

A: I am happy. I just heard I passed my exam.

B: Congratulations!

행복해. 방금 내가 시험에 합격했다고 들었어.
축하해!

환영합니다!

Welcome!

웰컴

돌아오신 걸 환영합니다.

Welcome back.

웰컴 백

입사를 환영합니다.

Welcome aboard.

웰컴 어보드

한국에 오신 것을 환영합니다.

Welcome to Korea.

웰컴 투 코리어

아무 때나 오세요.

You are welcome at any time.

유아 웰컴 앳 애니 타임

진심으로 환영합니다.

I welcome you with my whole heart.

아이 웰컴 유 윗 마이 호울 핫트

Conversation

A: I'm Jane White. I'm the new recruit here.
B: Hi, Jane. Welcome aboard! I'm Paul Brown.

제인 화이트입니다. 신입사원이에요.
안녕하세요, 제인. 입사를 환영합니다. 저는 폴 브라운이에요.

● 대화 내용의 녹음을 듣고 우리말을 영어로 말해 보세요.

Unit 01

A: **Good morning, Tom.**

B: 안녕하세요, **Jane.**

Unit 02

A: **Hi, Tom.** 어떻게 지내세요?

B: **Pretty good. And you?**

Unit 03

A: **Hi, I'm Jane.** 만나서 반가워요.

B: **Hi, Jane, Pleasure to meet you. I'm Tom.**

Unit 04

A: **It's nice to see you again!** 오랜만이에요.

B: **Same here, Jane. How have you been?**

Unit 05

A: **Look who's here! How are you, Jane?**

B: **Just fine, Tom.** 다시 만나 반가워요.

Unit 06

A: **Good bye, Jane.** 톰에게 안부 전해 줘.

B: **I will. Say hello to Dick, too.**

Unit 07

A: **Thank you for helping me.**

B: 천만에요.

Unit 08

A: **I'm sorry I'm late.**

B: 괜찮아요.

Unit 09

A: **I am happy. I just heard I passed my exam.**

B: 축하해!

Unit 10

A: **I'm Jane White. I'm the new recruit here.**

B: **Hi, Jane.** 입사를 환영합니다! **I'm Paul Brown.**

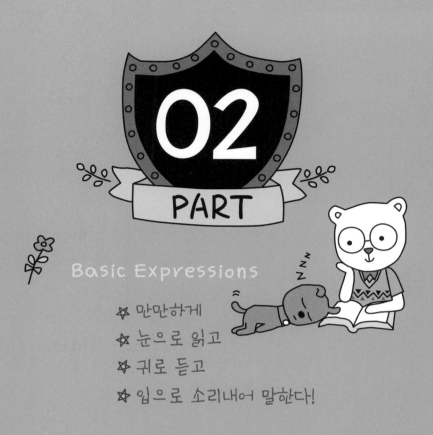

PART 02

Basic Expressions

✿ 만만하게
✿ 눈으로 읽고
✿ 귀로 듣고
✿ 입으로 소리내어 말한다!

대화

사람을 부를 때

여보세요.
Hello. / Hi.
헬로우 / 하이

이봐, 자네!
Hey, you!
헤이, 유

저기요.
Waiter! / Waitress!
웨이러 / 웨잇트리스

저(잠깐만요).
Listen. / Look here.
리슨 / 룩 히얼

저, 여보세요? (남자일 경우)
Excuse me, sir?
익스큐즈 미, 써ㄹ

저, 여보세요? (여자일 경우)
Excuse me, ma'am?
익스큐즈미, 맴

Conversation

A: **Excuse me, ma'am. I think you dropped this.**
B: **Oh, thanks a lot.**
저기요, 아주머니. 이거 떨어뜨리신 것 같아요.
어머, 고마워요.

맞장구칠 때

그래요?

Is that so?

이즈 댓 쏘

맞아요.

Right.

라잇

알겠어요.

I see.

아이 씨

그거 좋군요.

That's good.

댓츠 굿

아니오, 그렇게 생각지 않아요.

No, I don't think so.

노, 아이 돈트 씽 쏘

참 안됐네요.

That's too bad.

댓츠 투 뱃

Conversation

A: **I'm proud of my job.**
B: **Are you?**

난 내 직업에 자부심이 있어요.
그래요?

뭐라고요?
Excuse me?
익스큐즈 미

뭐라고?
What?
왓

다시 말씀해 주시겠어요?
Beg your pardon?
백 유얼 파든

다시 한 번 말씀해 주십시오.
Please say that again.
플리즈 쎄이 댓 어겐

뭐라고 했지?
You said what?
유 쎄드 왓

방금 뭐라고 말씀하셨죠?
What did you say just now?
왓 디쥬 쎄이 저슷 나우

Conversation

A: **I'm going to New York next week.**
B: **Going where?**

다음 주에 뉴욕에 갈 거야.
어디에 간다고?

질문할 때

>> 녹음을 듣고 소리내어 읽어볼까요?

<< 듣기 >>

질문 있습니다.

I have a question.

아이 해버 퀘스쳔

질문 하나 해도 될까요?

May I ask you a question?

메아이 애스큐어 퀘스쳔

누구한테 물어봐야 되죠?

Who should I ask?

후 슈다이 애슥

질문 있습니까?

Do you have any question?

두 유 해버니 퀘스쳔

다른 질문 있으세요?

Are there any other questions?

알 데어래니 아덜 퀘스쳔즈

이것을 영어로 뭐라고 하죠?

What's this called in English?

왓츠 디스 콜딘 잉글리쉬

Conversation

A: **May I ask you a question?**
B: **Sure.**

질문 하나 해도 될까요?
물론이죠.

>> 녹음을 듣고 소리내어 읽어볼까요?   << 듣기 >>

부탁 하나 해도 될까요?

May I ask you a favor?

메아이 애스큐어 페이버

제 부탁 좀 들어주시겠어요?

Would you do me a favor?

우쥬 두 미 어 페이버

부탁이 있어요.

I need a favor.

아이 니더 페이버

조용히 좀 해주시겠어요?

Would you please be quiet?

우쥬 플리즈 비 콰이엇

당신과 얘기 좀 해도 될까요?

May I have a word with you?

메아이 해버 워드 위듀

문 좀 열어주시겠어요?

Would you please open the door?

우쥬 플리즈 오픈 더 도어

Conversation

A: **May I ask you a favor?**
B: **Sure. What is it?**

부탁 하나 해도 될까요?
물론이죠. 뭔데요?

커피 한 잔 드시겠어요?

Would you like a cup of coffee?

우쥬 라이커 커펍 커피

걸어갑시다.

Let's walk.

렛츠 월ㅋ

우리 그 문제는 곰곰이 생각해 보기로 해요.

I suggest we sleep on it.

아이 서제스트 위 슬리포닛

산책하러 가는 게 어때요?

How about going for a walk?

하우 어바웃 고잉 풔러 월ㅋ

저희와 합석하시겠어요?

Would you join us?

우쥬 조이너스

그에게 얘기하지 그래요?

Why don't you tell him?

와이 돈츄 텔 힘

A: **Let's eat out tonight, shall we?**
B: **Oh, I'd love to.**

오늘밤 외식하러 갈까요?
아, 좋지요.

도움을 청하거나 양해를 구할 때

좀 도와주실래요?

Can you help me?

캔 유 핼프 미

좀 도와주시겠어요?

Could you give me a hand?

쿠쥬 깁 미 어 핸드

좀 지나가도 될까요?

May I get through?

메아이 겟 쓰루

휴대폰 좀 써도 될까요?

Could I use the cellphone?

쿠다이 유즈 더 셀포운

여기 앉아도 되겠습니까?

Do you mind if I sit here?

두 유 마인드 이파이 씻 히얼

물 좀 갖다 주시겠어요?

Could you bring me some water?

쿠쥬 브링 미 썸 워러

Conversation

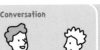

A: **Can you help me move the desk?**
B: **Yes, of course.**

책상 옮기는 것 좀 도와줄래?
물론이지.

의견을 묻고 답할 때

다른 의견은 없습니까?

Have you any idea?

해뷰 애니 아이디어

그녀에 대해 어떻게 생각하세요?

How do you think about her?

하우 두 유 씽커바웃 헐

내 프로젝트에 대해 어떻게 생각하세요?

What do you think of my project?

왓 두 유 씽콥 마이 프러젝

바로 그겁니다.

That's it!

댓츠 잇

당신 말에도 일리가 있어요.

You may have a point.

유 메이 해버 포인트

정말 좋은 생각이군요.

What a good idea!

와러 굿 아이디어

Conversation

A: **Don't you think the coffee here is good?**
B: **Yeah, here is gonna be my favorite place.**

여기 커피 맛있는 것 같지 않니?
응, 이제 여기 자주 와야겠어.

허락을 요청할 때

여기 앉아도 될까요?

May I sit here?

메아이 씻 히얼

이거 가져도 돼요?

May I take this?

메아이 테익 디스

들어가도 될까요?

May I come in?

메아이 커민

먼저 일어나도 될까요?

May I be excused?

메아이 비 익스큐즈드

(괜찮다면) 당신 컴퓨터를 사용해도 될까요?

May I use your computer?

메아이 유쥬얼 컴퓨터

얘기를 계속해도 될까요?

May I go on?

메아이 고 온

Conversation

A: **May I take this?**
B: **Yes, of course.**

이걸 가져가도 될까요?
예, 물론이죠.

>> 녹음을 듣고 소리내어 읽어볼까요?   << 듣기 >>

장래 희망이 뭐예요?
What do you hope for?
왓 두 유 홉 풔

꿈이 뭐예요?
What's your dream?
왓츠 유얼 드림

나는 가수가 되고 싶어요.
I want to be a singer.
아이 원투 비 어 싱어

다시 만나기 바랍니다.
I hope to see you again.
아이 홉 투 씨 유 어게인

즐거운 크리스마스 되세요.
I wish you a Merry Christmas.
아이 위시 유 어 메리 크리스마스

영어를 잘하고 싶어요.
I want to be good in English.
아이 원투 비 구딘 잉글리쉬

A: **Where would you like to go?**
B: **I'd like to go to London or Paris.**
어디에 가고 싶으세요?
런던이나 파리에 가고 싶습니다.

● 대화 내용의 녹음을 듣고 우리말을 영어로 말해 보세요.

Unit 01

A: 저기요, 아주머니. **I think you dropped this.**

B: **Oh, thanks a lot.**

Unit 02

A: **I'm proud of my job.**

B: 그래요?

Unit 03

A: **I'm going to New York next week.**

B: 어디에 간다고?

Unit 04

A: 질문 하나 해도 될까요?

B: **Sure.**

Unit 05

A: 부탁 하나 해도 될까요?

B: **Sure. What is it?**

Unit 06

A: 오늘밤 외식하러 갈까요?

B: **Oh, I'd love to.**

Unit 07

A: 책상 옮기는 것 좀 도와줄래?

B: **Yes, of course.**

Unit 08

A: 여기 커피 맛있는 것 같지 않니?

B: **Yeah, here is gonna be my favorite place.**

Unit 09

A: 이걸 가져가도 될까요?

B: **Yes, of course.**

Unit 10

A: **Where would you like to go?**

B: 런던이나 파리에 가고 싶습니다.

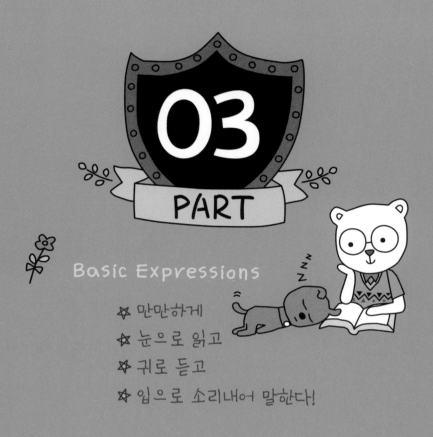

PART 03

Basic Expressions

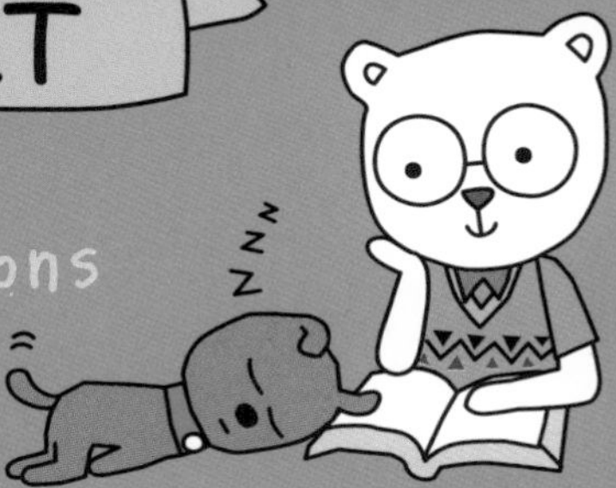

- 만만하게
- 눈으로 읽고
- 귀로 듣고
- 입으로 소리내어 말한다!

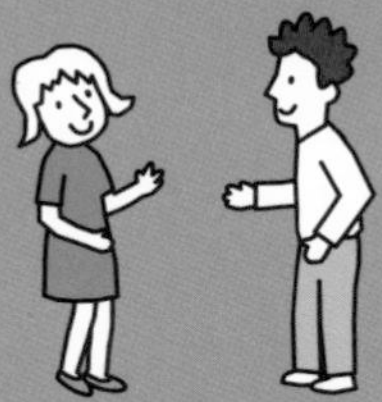

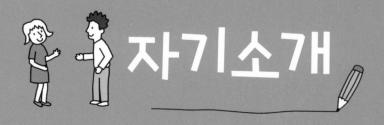

자기소개

개인 신상에 대해 말할 때

>> 녹음을 듣고 소리내어 읽어볼까요?

 듣기

국적이 어디세요?

What's your nationality?

왓츄어 내셔낼러티

어디서 오셨어요?

Where did you come from?

웨어 디쥬 컴 프럼

어디서 자라셨어요?

Where did you grow up?

웨어 디쥬 그로우 업

서울 토박입니다.

I was born and bred in Seoul.

아이 워즈 본 앤 브레드 인 서울

나이가 어떻게 되세요?

How old are you?

하우 올드 알 유

지금 어디 사세요?

Where do you live now?

웨어 두 유 립 나우

Conversation

A: **Where are you from?**
B: **I'm from Seoul.**

어디서 오셨어요?
서울에서요.

가족에 대해 말할 때

우리는 대가족입니다.
We have a large family.
위 해버 라쥐 패멀리

부모님과 함께 사세요?
Do you live with your parents?
두 유 립 위듀얼 패어런츠

아이들은 몇 명이나 됩니까?
How many children do you have?
하우 메니 췰드런 두 유 햅

3살짜리 아들이 하나 있어요.
I have a 3-year-old boy.
아이 해버 쓰리 이어 올드 보이

가족이 몇 분이세요?
How many people are there in your family?
하우 메니 피플 알 데어린 유얼 패멀리

우린 네 식구예요.
There are four in my family.
데어라 풔린 마이 패멀리

Conversation

A: Are you the eldest child in your family?
B: No, I'm not. I'm the only child.

장남이세요?
아니에요. 저는 외아들이에요.

Unit 03 학교에 대해 말할 때

학교는 어디서 다니셨어요?

Where did you go to school?

웨어 디쥬 고 투 스쿨

어느 학교에 다니세요?

Where do you go to school?

웨어 두 유 고 투 스쿨

몇 학년이세요?

What year are you in?

왓 이어 알 유 인

우리는 같은 학교 나온 동문입니다.

We went to the same school.

위 웬투 더 쎄임 스쿨

대학교 때 전공이 무엇이었어요?

What was your major at college?

왓 워쥬얼 메이져랫 칼리쥐

어떤 학위를 가지고 계십니까?

What degree do you have?

왓 디그리 두 유 햅

Conversation

A: **Where do you go to school?**
B: **I go to NS University.**

어느 학교에 다니세요?
NS 대학에 다닙니다.

학교생활은 재미있나요?
Do you have fun in school?
두 유 햅 펀 인 스쿨

나 또 지각이야.
I'm late for class again.
아임 레잇 풔 클래스 어겐

시험을 망쳤어요.
I messed up on my test.
아이 메스트 어폰 마이 테슷

오늘은 수업이 없어요.
There is no class today.
데어리즈 노 클래스 투데이

아르바이트 자리가 있나요?
Do you have a part time job?
두 유 해버 팟 타임 잡

게시판에 뭐라고 쓰여 있는 거예요?
What does the board say?
왓 더즈 더 보드 쎄이

Conversation

A: **Why weren't you in class?**
B: **Because I had a stomachache.**
왜 수업에 오지 않았니?
배탈이 나서요.

어느 회사에 근무하세요?

What company are you with?

왓 컴퍼니 알 유 윗

어느 부서에서 근무하세요?

Which department do you work in?

위치 디파트먼트 두 유 워킨

직책이 무엇입니까?

What's your job title?

왓츄얼 잡 타이틀

어떤 일을 맡고 계세요?

What are you in charge of?

워라유 인 차지 옵

여기에서 얼마나 근무하셨어요?

How long have you worked here?

하우 롱 해뷰 웍트 히얼

직장까지 얼마나 걸리죠?

How long does it take you to get to work?

하우 롱 더짓 테이큐 투 겟 투 웍

Conversation

A: What kind of company are you with?
B: A trading company.

어떤 회사에서 일하세요?
무역회사요.

언제 입사하셨어요?

When did you join the company?

웬 디쥬 조인 더 컴퍼니

근무 시간이 어떻게 됩니까?

What are your office hours?

워라유얼 오피스 아워즈

몇 시에 퇴근하세요?

When do you get off?

웬 두 유 게롭

내일은 쉬어요.

I'll be off tomorrow.

아일 비 옵 터머러우

당신 회사에서는 점심시간이 몇 시죠?

What time is lunch at your company?

왓 타임 이즈 런치 앳 유얼 컴퍼니

저는 오늘밤 야근이에요.

I'm on duty tonight.

아임 온 듀티 투나잇

Conversation

A: Are you happy with your present job?
B: Yes, but I'm not always happy.

지금 직장에 만족하세요?
네, 하지만 늘 그런 건 아니에요.

거주지에 대해 말할 때

어디 사세요?

Where do you live?

웨얼 두 유 립

그곳에서 얼마나 사셨어요?

How long have you lived there?

하우 롱 해뷰 립드 데얼

주소가 어떻게 됩니까?

What's your address?

왓츄얼 어드레스

직장까지 시간이 얼마나 걸려요?

How long does it take you to get to work?

하우 롱 더짓 테이큐 투 겟 투 웍

전 아주 작은 도시에 살아요.

I live in a very small town.

아이 리비너 베리 스몰 타운

저는 고층 아파트에서 살아요.

I live in a high-rise apartment house.

아이 리비너 하이-라이즈 어파트먼트 하우스

Conversation

A: **Where do you live?**
B: **I live in the suburbs of Seoul.**

어디 사세요?
서울 근교에서 살아요.

연애에 대해 말할 때

사귀는 사람 있니?

Are you seeing anyone?

알 유 씨잉 애니원

우린 좋은 친구 사이야.

We're good friends.

위아 굿 프렌즈

그녀는 그냥 친구야.

She's just a friend.

쉬즈 저슷터 프렌드

어떤 사람이 이상형이에요?

What's your type?

왓츄얼 타입

나랑 데이트할래?

Would you like to go out with me?

우쥬 라익 투 고우 아웃 윗 미

그들은 연애 중이죠?

Are they an item?

알 데이 언 아이템

Conversation

A: **Are you seeing anyone?**
B: **Not at the moment, unfortunately.**

사귀는 사람 있어요?
불행히도 지금은 없어요.

나랑 결혼해 줄래?

Will you marry me?

윌 유 메리 미

난 연애결혼하고 싶어요.

I'd like to marry for love.

아이드 라익 투 메리 풔 럽

그는 중매 결혼했어요.

He got married by arrangement.

히 갓 메리드 바이 어랜지먼트

기혼이세요, 미혼이세요?

Are you married or single?

알 유 메리드 오어 싱글

언제 결혼하셨어요?

When did you get married?

웬 디쥬 겟 메리드

난 이혼했어요.

I'm divorced.

아임 디보스트

Conversation

A: **Are you married?**
B: **No, I'm not.**
결혼하셨어요?
안 했습니다.

결혼생활에 대해 말할 때

>> 녹음을 듣고 소리내어 읽어볼까요?   << 듣기 >>

결혼생활은 어때요?

How's the married life?

하우즈 더 메리드 라이프

우린 곧잘 싸워요.

We fight a lot.

위 파잇 어랏

우리는 금실이 좋아요.

We are happily married.

위아 해필리 메리드

아내는 임신 중이에요.

My wife is expecting.

마이 와이프 이즈 익스펙팅

아이가 둘 있어요.

I have two children.

아이 햅 투 칠드런

집안일은 반반씩 분담하기로 했어요.

We agreed we'd share the housework fifty-fifty.

위 어그리드 위드 쉐어 더 하우스웍 피프티-피프티

Conversation

A: **My wife is expecting.**
B: **Oh, is she? Congratulations!**

아내가 임신했어요.
그래요? 축하합니다!

● 대화 내용의 녹음을 듣고 우리말을 영어로 말해 보세요.

Unit 01

A: 어디서 오셨어요?

B: **I'm from Seoul.**

Unit 02

A: **Are you the eldest child in your family?**

B: **No, I'm not.** 저는 외아들이에요.

Unit 03

A: 어느 학교에 다니세요?

B: **I go to NS University.**

Unit 04

A: 왜 수업에 오지 않았니?

B: **Because I had a stomachache.**

Unit 05

A: 어떤 회사에서 일하세요?

B: **A trading company.**

Unit 06

A: 지금 직장에 만족하세요?

B: **Yes, but I'm not always happy.**

Unit 07

A: 어디 사세요?

B: **I live in the suburbs of Seoul.**

Unit 08

A: 사귀는 사람 있어요?

B: **Not at the moment, unfortunately.**

Unit 09

A: 결혼하셨어요?

B: **No, I'm not.**

Unit 10

A: 아내가 임신했어요.

B: **Oh, is she? Congratulations!**

PART 04

Basic Expressions

✿ 만만하게
✿ 눈으로 읽고
✿ 귀로 듣고
✿ 입으로 소리내어 말한다!

감정

행운을 빌게요.
Good luck to you.
굿 럭 투 유

신의 축복이 있기를!
God bless you!
갓 블레스 유

성공을 빕니다.
May you succeed!
메이 유 썩시드

행복하길 빌겠습니다.
I hope you'll be happy.
아이 홉 유일 비 해피

새해 복 많이 받으세요.
Happy new year!
해피 뉴 이얼

즐거운 크리스마스 보내세요.
Merry Christmas!
메리 크리스마스

Conversation

A: Good-bye, Jane. Good luck!
B: Thanks. You, too!

잘가요, 제인. 행운을 빌어요.
고마워요. 당신도요!

기쁘거나 즐거울 때

>> 녹음을 듣고 소리내어 읽어볼까요? << 듣기 >>

기뻐요!
I'm happy!
아임 해피

정말 기분 좋아요.
It really feels great.
잇 리얼리 필스 그레잇

당신 때문에 행복해요.
I'm happy for you.
아임 해피 풔 유

오늘 기분이 완전 최고예요.
I'm so happy today.
아임 쏘 해피 투데이

당신과 함께 있으면 즐겁습니다.
You're fun to be around.
유아 펀 투 비 어롸운

멋질 것 같아요!
That would be nice!
댓 우드 비 나이스

Conversation

A: **Tom, I'm walking on air now.**
B: **What makes you so happy, Jane?**

톰, 전 지금 정말 기분이 좋아요.
뭐가 그렇게 좋아요, 제인?

감탄하거나 칭찬할 때

대단하군요!
Great!
그레잇

잘 하시는군요.
You're doing well!
유아 두잉 웰

정말 훌륭하군요!
How marvelous!
하우 말버러스

패션 감각이 뛰어나시군요.
You have an eye for fashion.
유 해번 아이 풔 패션

시험을 참 잘 봤네.
You did a good job on your exams.
유 디더 굿 잡 온 유얼 이그잼스

과찬의 말씀입니다.
I'm so flattered.
아임 소 플래터드

Conversation

A: **It looks very good on you.**
B: **Thanks for your compliment.**
참 잘 어울리는군요.
칭찬해 주시니 감사합니다.

싫거나 귀찮을 때

싫어요!

No deal!

노우 딜

듣고 싶지 않아요.

I don't want to hear it.

아이 돈ㅌ 원투 히어릿

그럴 기분이 아니에요.

I don't feel like it.

아이 돈ㅌ 필 라이킷

질렸어.

I'm sick of it.

아임 씩 오핏

귀찮게 좀 굴지 말아요.

Stop bothering me.

스탑 보더링 미

그만 좀 해!

Give me a break!

깁 미 어 브레익

Conversation

A: **I'm tired of this job.**
B: **There you go again.**

이 일에 질렸어.
또 시작이야.

실망하거나 후회할 때

이건 아니죠!

This is all wrong!

디시즈 올 렁

당신한테 실망했어요.

I am disappointed in you.

아엠 디스어포인티딘 유

영어 공부를 했어야 했는데.

I should have studied English.

아이 슛 햅 스터디드 잉글리쉬

그 말은 하지 말았어야 했는데.

I shouldn't have said that.

아이 슈든ㅌ 햅 샛 댓

이미 엎질러진 물이에요.

It's no use crying over spilt milk.

잇츠 노우 유즈 크라잉 오우버 스필트 밀크

놓치면 후회할 거예요.

If you miss it, you'll regret it.

이퓨 미씻, 유일 리그레팃

Conversation

A: Did you enjoy the boxing match?
B: Not particularly. It disappointed me.

권투시합 재미있었니?
별로야, 실망했어.

>> 녹음을 듣고 소리내어 읽어볼까요?

<< 듣기 >>

미치겠네!
Drive me nuts!
드라입 미 넛츠

말도 안돼(끔찍해)!
That's awful!
댓츠 오우플

충격이다!
I'm so mad!
아임 쏘 맷

더 이상은 못 참아.
I can't stand any more.
아이 캔트 스탠 애니 모어

그만 좀 해.
That is enough.
댓 이즈 이넙

열 받게 하네!
That burns me up!
댓 번즈 미 엽

Conversation

A: Are you still mad at me?
B: It's okay now, I understand.

아직도 나한테 화났어요?
이제 괜찮아요. 이해합니다.

>> 녹음을 듣고 소리내어 읽어볼까요?

 듣기

우울해요.
I'm depressed.
아임 디프레스트

외로워요.
I'm lonely.
아임 로운리

비참해요.
I feel miserable.
아이 필 미저러블

기분이 별로예요(좋지 않아요).
I feel bad.
아이 필 뱃

울고 싶은 심정이에요.
I feel like crying.
아이 필 라익 크라잉

앞날이 캄캄해요.
I have no hope for my future.
아이 햅 노 홉 풔 마이 퓨춰

Conversation

A: **I hate the sad ending.**
B: **So do I.**
난 새드 앤딩은 싫어요.
나도 그래요.

놀랍거나 무서울 때

정말 놀랍군요!

How surprising!

하우 써프라이징

훌륭하네요!

That's great!

댓츠 그레잇

정말이야(진심이야)?

Are you serious?

알 유 시리어스

믿을 수 없어!

That's incredible!

댓츠 인크레더블

정말 놀랍지 않아요?

That's amazing, isn't it?

댓츠 어메이징, 이즌팃

난 새로운 변화가 두려워요.

I'm afraid of new changes.

아임 어프레이돕 뉴 체인지즈

Conversation

A: **Let's go into the water.**
B: **I can't. I'm afraid of water.**

물속으로 들어가자.
난 못해. 난 물이 무서워.

>> 녹음을 듣고 소리내어 읽어볼까요?

 << 듣기 >>

우울해 보이네요.
You look down.
유 룩 다운

무슨 일이세요?
What's wrong?
왓츠 렁

뭐가 잘못됐나요?
Is anything wrong?
이즈 애니씽 렁

걱정하지 마세요.
Don't worry.
돈ㅌ 워리

걱정할 것 없어요.
You have nothing to worry about.
유 햅 낫씽 투 워리 어바웃

너무 심각하게 받아들이지 마세요.
Don't take it seriously.
돈ㅌ 테잇킷 시어리어슬리

Conversation

A: What's wrong with you? You look so down today.
B: I failed the English exam again.

왜 그래? 오늘 너무 우울해 보이네.
영어시험을 또 낙제했거든요.

불안하거나 긴장될 때

어떡해!

What should I do.

왓 슈다이 두

저 뭐 해야 돼요?

What am I supposed to do?

와램 아이 서포즈 투 두

초조해요.

I'm anxious.

아임 앵셔스

긴장돼요.

I'm nervous.

아임 너버스

불안해요.

I feel insecure.

아이 필 인시큐어

진정하세요.

Calm down.

캄 다운

Conversation

A: **Are you nervous?**
B: **Yes, I have butterflies in my stomach.**

긴장되니?
그래, 가슴이 막 두근거려.

● 대화 내용의 녹음을 듣고 우리말을 영어로 말해 보세요.

Unit 01

A: **Good-bye, Jane.** 행운을 빌어요.

B: **Thanks. You, too!**

Unit 02

A: **Tom,** 전 지금 정말 기분이 좋아요.

B: **What makes you so happy, Jane?**

Unit 03

A: 참 잘 어울리는군요.

B: **Thanks for your compliment.**

Unit 04

A: 이 일에 질렸어.

B: **There you go again.**

Unit 05

A: **Did you enjoy the boxing match?**

B: **Not particularly.**
실망했어.

Unit 06

A: 아직도 나한테 화났어요?

B: **It's okay now, I understand.**

Unit 07

A: 난 새드 앤딩은 싫어요.

B: **So do I.**

Unit 08

A: **Let's go into the water.**

B: **I can't.** 난 물이 무서워.

Unit 09

A: **What's wrong with you?**
오늘 너무 우울해 보이네.

B: **I failed the English exam again.**

Unit 10

A: 긴장되니?

B: **Yes, I have butterflies in my stomach.**

05

PART

Basic Expressions

✿ 만만하게
✿ 눈으로 읽고
✿ 귀로 듣고
✿ 입으로 소리내어 말한다!

화제

>> 녹음을 듣고 소리내어 읽어볼까요?

듣기

컨디션은 어때요?

How do you feel?

하우 두 유 필

건강은 어떠세요?

How is your health?

하우 이쥬얼 핼스

컨디션이 안 좋아요.

I'm not feeling well.

아임 낫 필링 웰

난 건강해요.

I'm healthy.

아임 핼씨

건강해 보이시네요.

You look healthy.

유 룩 핼씨

건강 조심하세요.

Take care of your health.

테익 케어롭 유얼 핼스

Conversation

A: **How are you feeling today?**
B: **I'm not feeling well.**

오늘은 기분이 어떠세요?
컨디션이 영 별로예요.

나는 낙천적이에요.

I'm optimistic.

아임 옵티미스틱

그는 명랑해요.

He's cheerful.

히즈 치어플

그녀는 정직해요.

She's honest.

쉬즈 어니스트

그는 내성적이에요.

He's introverted.

히즈 인트러버티드

난 당신이 매우 유쾌하다고 생각해요.

I think you are very funny.

아이 씽 유 알 베리 퍼니

난 현실주의자에 가까워요.

I'm more of a realist.

아임 모어로버 리얼리슷

Conversation

A: **Do you make friends easily?**
B: **No, I don't. I'm shy.**

친구를 쉽게 사귀는 편이세요?
아뇨, 내성적이라서요.

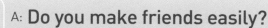

>> 녹음을 듣고 소리내어 읽어볼까요?   << 듣기 >>

정말 맛있어요.
It's really good.
잇츠 리얼리 굿

그건 건강에도 좋고 맛도 좋아요.
It's healthy and delicious.
잇츠 핼시 앤 딜리셔스

이건 맛이 별로 없어요.
This is flavorless.
디시즈 플레이버리스

배불러요.
I'm stuffed.
아임 스텁트

그녀는 식성이 까다로워요.
She is a picky eater.
쉬 이저 픽키 이터ㄹ

어떤 음식을 좋아하세요?
What kind of food do you like?
왓 카인돕 푸드 두 유 라익

Conversation

A: **How does it taste?**
B: **It's really good.**

맛이 어때요?
정말 맛있어요.

외모에 대해 말할 때

듣기

그 사람은 어떻게 생겼어요?
What's he like?
왓츠 히 라익

키가 얼마나 돼요?
How tall are you?
하우 톨 알 유

몸무게가 얼마나 나가요?
How much do you weigh?
하우 머취 두 유 웨잇

그는 뚱뚱해요.
He is fat.
히 이즈 팻

그녀는 키가 작고 말랐어요.
She is petite and slim.
쉬 이즈 페팃 앤 슬림

오늘 피곤해 보이네요.
You look tired today.
유 룩 타이엇 투데이

Conversation

A: **How do I look?**
B: **You look beautiful in that dress.**
나 어때?
그 옷 입으니까 예뻐 보여.

옷차림에 대해 말할 때

당신 참 멋지네요.

You are in style.

유 아린 스타일

이건 너무 딱 맞아요.

This is too tight.

디시즈 투 타잇

당신에게 참 잘 어울려요.

It looks good on you.

잇 룩스 굿 온 유

패션 감각이 뛰어나시네요.

You have great taste in clothes.

유 햅 그레잇 테이스틴 클로우드즈

입고 있는 옷이 맘에 드네요.

I like the dress that you have on.

아이 라익 더 드레스 댓 유 해본

그녀는 옷을 크게 입는 편이에요.

She wears loose-fitting clothes.

쉬 웨어스 루즈-핏팅 클로우드즈

Conversation

A: **How do I look in this suit?**
B: **It looks good on you.**

이 양복 입으니 나 어때요?
잘 어울려요.

>> 녹음을 듣고 소리내어 읽어볼까요? 《《 듣기 》》

지금 몇 시죠?

What time is it now?

왓 타임 이짓 나우

몇 시입니까?

Do you have the time?

두 유 햅 더 타임

몇 시쯤 됐을까요?

I wonder what time is it?

아이 원더 왓 타임 이짓

시간 있으세요?

Have you got a minute?

해뷰 가러 미닛

시간이 없어요.

I'm in a hurry.

아임 이너 허리

시계가 정확한가요?

Is your watch correct?

이쥬얼 왓치 커렉트

Conversation

A: **What time is it?**
B: **It's ten twenty-three.**

몇 시죠?
10시 23분입니다.

 << 듣기 >>

>> 녹음을 듣고 소리내어 읽어볼까요?

오늘이 며칠이죠?

What's the date today?

왓츠 더 데잇 투데이

오늘이 무슨 요일이죠?

What day is it today?

왓 데이 이짓 투데이

몇 월이죠?

What month is it?

왓 먼쓰 이짓

거기는 오늘 며칠이에요?

What's the date today over there?

왓츠 더 데잇 투데이 오버 데얼

생일이 언제예요?

When's your birthday?

웬쥬얼 벌쓰데이

시험이 언제부터죠?

When does the exam start?

웬 더즈 디 이그젬 스탓

Conversation

A: **What's the date today?**
B: **It's the third of March.**

오늘이 며칠이죠?
3월 3일이에요.

>> 녹음을 듣고 소리내어 읽어볼까요?

<< 듣기 >>

오늘 날씨 어때요?
How's the weather today?
하우즈 더 웨더 투데이

오늘은 날씨가 화창하군요.
It's a beautiful day today.
잇처 뷰우터펄 데이 투데이

이제 비가 그쳤습니까?
Has the rain stopped yet?
해즈 더 레인 스탑트 옛

정말 너무 더워요.
It's terribly hot.
잇츠 테러블리 핫

정말 춥네, 안 그래요?
It's freezing cold, isn't it?
잇츠 프리징 콜드, 이즌팃

눈이 올 것 같아요.
It looks like snow.
잇 룩스 라익 스노우

Conversation

A: It's a lovely day, isn't it?
B: Yes, it is.

날씨가 아주 근사하네요, 안 그래요?
그렇군요.

어느 계절을 가장 좋아하세요?

Which season do you like best?

위치 시즌 두 유 라익 베슷

참 화창한 봄날이네요!

What a bright spring day!

와러 브라잇 스프링 데이

여름이 왔어요.

Summer has come.

썸머 해즈 컴

가을은 독서의 계절이에요.

Autumn is the best season for reading.

오텀 이즈 더 베슷 시즌 풔 리딩

가을엔 하늘이 높아요.

The sky is high in Autumn.

더 스카이 이즈 하이 인 오텀

겨울이 오고 있어요.

Winter is on its way.

윈터 이즈 온 잇츠 웨이

Conversation

A: Which season do you like best?
B: I like spring best.

어느 계절을 가장 좋아하세요?
봄을 가장 좋아해요.

>> 녹음을 듣고 소리내어 읽어볼까요?

 << 듣기 >>

무슨 종교를 믿습니까?

What is your religion?

와리즈 유얼 릴리젼

신을 믿으세요?

Do you believe in God?

두 유 빌리빈 갓

저는 기독교 신자예요.

I'm a Christian.

아이머 크리스쳔

저는 천주교를 믿습니다.

I'm a Catholic.

아이머 캐쓸릭

저는 불교 신자입니다.

I'm a Buddhist.

아이머 부디스트

가까운 곳에 교회가 있나요?

Is there a church near here?

이즈 데어러 춰치 니어 히얼

Conversation

A: **Are you religious?**
B: **No, I'm an atheist.**

종교를 가지고 있습니까?
아니요, 저는 무신론자예요.

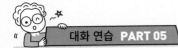

● 대화 내용의 녹음을 듣고 우리말을 영어로 말해 보세요.

Unit 01

A: 오늘은 기분이 어떠세요?

B: **I'm not feeling well.**

Unit 02

A: **Do you make friends easily?**

B: **No, I don't.**
내성적이라서요.

Unit 03

A: 맛이 어때요?

B: **It's really good.**

Unit 04

A: 나 어때?

B: **You look beautiful in that dress.**

Unit 05

A: **How do I look in this suit?**

B: 잘 어울려요.

Unit 06

A: 몇 시죠?

B: **It's ten twenty-three.**

Unit 07

A: 오늘이 며칠이죠?

B: **It's the third of March.**

Unit 08

A: 날씨가 아주 근사하네요, **isn't it?**

B: **Yes, it is.**

Unit 09

A: 어느 계절을 가장 좋아하세요?

B: **I like spring best.**

Unit 10

A: 종교를 가지고 있습니까?

B: **No, I'm an atheist.**

PART 06

Basic Expressions

✿ 만만하게
✿ 눈으로 읽고
✿ 귀로 듣고
✿ 입으로 소리내어 말한다!

취미와 여가

Unit 01 취미에 대해 말할 때

취미가 뭐예요?
What are your hobbies?
워라 유얼 하비스

취미로 무얼 하세요?
What do you do for fun?
왓 두 유 두 풔 펀

난 온라인 채팅에 푹 빠져 있어요.
I'm so into online chatting.
아임 쏘 인투 온라인 채팅

난 인터넷 검색하는 거 좋아해요.
I like surfing the internet.
아이 라익 서핑 디 인터넷

난 낚시에 관심 있어요.
I'm interested in fishing.
아임 인터레스티딘 피싱

전 물건들을 고치는 걸 즐겨요.
I enjoy fixing things.
아이 인죠이 픽싱 씽즈

 Conversation

A: **Do you like romantic movies?**
B: **I love it!**

로맨틱 영화 좋아하세요?
완전 좋아해요!

여가에 대해 말할 때

주말에 주로 뭐 하세요?

What do you like to do on the weekends?

왓 두 유 라익 투 두 온 더 위캔즈

쉬는 날에는 주로 뭐 하세요?

What do you usually do on your day off?

왓 두 유 유절리 두 온 유얼 데이 오프

여가 시간엔 뭐 하세요?

What do you like doing in your free time?

왓 두 유 라익 두잉 인 유얼 프리 타임

여가 시간에 축구를 즐겨요.

I enjoy playing football in my free time.

아이 인죠이 플레잉 풋볼 인 마이 프리 타임

여가 시간에 그림을 그려요.

I spend my spare time drawing pictures.

아 스펜 마이 스페어 타임 드로우잉 픽쳐스

한가할 때 옛날 영화를 봐요.

I watch old movies at odd moments.

아이 워치 올드 무비스 앳 아드 모먼츠

Conversation

A: **What do you do in your spare time?**
B: **I watch old movies.**

여가 시간에 뭐 하세요?
옛날 영화를 봐요.

>> 녹음을 듣고 소리내어 읽어볼까요?   《《 듣기 》》

나는 실내 게임은 못 합니다.

I'm not one for indoor games.

아임 낫 원 풔 인도어 게임스

포커를 가르쳐 주시겠습니까?

Could you tell me how to play poker?

쿠쥬 텔미 하우 투 플레이 포커

좀 쉬운 게임 있어요?

Is there any easy games?

이즈 데어래니 이지 게임스

핀볼게임 해 보셨어요?

Have you tried the pin-ball game?

해뷰 트라이드 더 핀-볼 게임

칩을 현금으로 바꿔 주세요.

Cash my chips, please.

캐쉬 마이 칩스, 플리즈

멋진 오락거리를 찾으세요?

Do you want some great entertainments?

두 유 원트 썸 그레잇 엔터테인먼츠

Conversation

A: **What kind of game would you like to play?**
B: **Well, how about playing a video game?**

무슨 게임을 하고 싶어요?
저, 비디오 게임 한 번 하는 게 어떻겠습니까?

Unit 04 책과 신문에 대해 말할 때

책 많이 읽으세요?

Do you read many books?

두 유 릿 매니 북스

책 읽을 시간이 없어요.

I have no time to read.

아이 햅 노 타임 투 릿

어떤 책을 좋아하세요?

What books do you like?

왓 북스 두 유 라익

이 책 읽어보셨어요?

Have you read this book?

해뷰 렛 디스 북

나는 역사소설을 좋아해요.

I like historical novels.

아이 라익 히스토리컬 너블즈

오늘 신문 보셨어요?

Have you seen today's paper?

해뷰 씬 투데이즈 페이퍼

Conversation

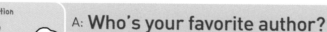

A: Who's your favorite author?
B: I love Herman Hesse.

좋아하는 작가는 누구예요?
헤르만 헤세를 무지 좋아해요.

음악 좋아하세요?

Do you like music?

두 유 라익 뮤직

어떤 장르를 좋아하세요?

What genre do you like?

왓 장르 두 유 라익

난 재즈를 좋아해요.

I like Jazz.

아이 라익 재즈

이 노래는 중독성이 있어요.

That song is catchy.

댓 쏭 이즈 캣취

좋아하는 가수가 누구예요?

Who is your favorite singer?

후 이쥬얼 페이버릿 씽어

저는 노래는 못해요.

I'm poor at singing.

아임 푸어랫 씽잉

Conversation

A: What genre do you like?
B: I love pop music.

어떤 장르를 좋아하세요?
팝을 좋아합니다.

그림에 대해 말할 때

전 그림 그리기를 좋아해요.

I like painting.

아이 라익 페인팅

그녀는 화가예요.

She is a painter.

쉬 이저 페인터

그는 그래픽 아티스트예요.

He is a graphic artist.

히 이저 그래픽 아티스트

그림 참 잘 그리네요.

You are good at drawing.

유 알 굿 앳 드로우잉

이 그림에 대해 어떻게 생각하세요?

What do you think of this painting?

왓 두유 씽콥 디스 페인팅

그림에 대한 안목이 있으시군요.

You have an eye for paintings.

유 해번 아이 풔 페인팅스

Conversation

A: **What a wonderful picture!**
B: **Do you think so? Thank you.**

멋진 그림이군요!
그렇게 생각하세요? 감사합니다.

지금 텔레비전에서 뭐해요?

What's on TV?

왓촌 티비

텔레비전에서 뭐 재미있는 거 해요?

Is there anything good on TV?

이즈 데얼 애니씽 굿 온 티비

리모콘 좀 줘.

Pass me the remote.

패스 미 더 리못

어떤 텔레비전 프로그램을 좋아하세요?

Which program do you enjoy most?

위치 프로그램 두 유 인조이 모슷

저는 퀴즈쇼를 좋아해요.

I like to watch quiz shows.

아이 라익 투 워치 퀴즈 쇼우즈

텔레비전을 켜 주시겠어요?

Could you turn on the television?

쿠쥬 턴 온 더 텔레비전

Conversation

A: **What are you doing?**
B: **I'm just watching TV at home.**

뭐해요?
집에서 그냥 TV 보고 있어요.

>> 녹음을 듣고 소리내어 읽어볼까요?

<< 듣기 >>

어떤 영화를 좋아하세요?
What kind of movies do you like?
왓 카인돕 무비즈 두 유 라익

얼마나 자주 영화 보러 가세요?
How often do you go to the movies?
하우 오픈 두 유 고 투 더 무비스

영화 어땠어요?
How did you like the movie?
하우 디쥬 라익 더 무비

가장 좋아하는 영화가 뭐예요?
What's your favorite movie?
왓츄얼 페이버릿 무비

가장 좋아하는 남자배우는 누구예요?
Who's your favorite actor?
후쥬얼 페이버릿 액터

지금 무슨 영화 해요?
What movie is showing?
왓 무비 이즈 쇼우잉

Conversation

A: **How did you like the movie?**
B: **It was great!**
영화 어땠어요?
굉장했어요.

운동이나 스포츠에 대해 말할 때

운동하세요?

Do you work out?

두 유 웍카웃

얼마나 자주 운동하세요?

How often do you exercise?

하우 오픈 두 유 엑서사이즈

건강을 위해 어떤 운동을 하세요?

What exercise do you do for your health?

왓 엑서사이즈 두 유 두 풔 유얼 핼스

운동하는 것을 좋아하세요?

Do you like playing sports?

두 유 라익 플레잉 스포츠

스포츠라면 뭐든지 좋아합니다.

I like all kinds of sports.

아이 라익 올 카인좁 스포츠

그 경기 누가 이겼죠?

Who won the game?

후 원 더 게임

Conversation

A: What kind sports do you like?
B: I like all kinds of sports.

어떤 스포츠를 좋아하세요?
스포츠라면 뭐든지 좋아합니다.

듣기

저는 여행하는 것을 좋아해요.
I am fond of traveling.
아이 엠 폰돕 트래블링

여행은 마음을 넓혀줘요.
Travel broadens the mind.
트래블 브로든스 더 마인드

여행은 어땠어요?
How was your trip?
하우 워쥬얼 트립

저는 가족과 함께 여행하는 것을 좋아해요.
I enjoy traveling with my family.
아이 인조이 트래블링 윗 마이 패멀리

해외여행을 하신 적이 있습니까?
Have you ever traveled overseas?
해뷰 에버 트래블드 오버씨즈

해외여행은 이번이 처음입니다.
This is my first trip overseas.
디시즈 마이 퍼숫 트립 오버씨즈

Conversation

A: **Do you like traveling by ship?**
B: **No, I prefer to travel by plane.**
배 여행을 좋아하세요?
아뇨, 비행기로 여행하는 게 더 좋아요.

● 대화 내용의 녹음을 듣고 우리말을 영어로 말해 보세요.

Unit 01

A: **Do you like romantic movies?**

B: 완전 좋아해요!

Unit 02

A: 여가 시간에 뭐 하세요?

B: **I watch old movies.**

Unit 03

A: 무슨 게임을 하고 싶어요?

B: **Well, how about playing a video game?**

Unit 04

A: 좋아하는 작가는 누구예요?

B: **I love Herman Hesse.**

Unit 05

A: **What genre do you like?**

B: 팝을 좋아합니다.

Unit 06

A: 멋진 그림이군요!

B: **Do you think so? Thank you.**

Unit 07

A: **What are you doing?**

B: 집에서 그냥 TV 보고 있어요.

Unit 08

A: 영화 어땠어요?

B: **It was great!**

Unit 09

A: **What kind sports do you like?**

B: 스포츠라면 뭐든지 좋아합니다.

Unit 10

A: **Do you like traveling by ship?**

B: **No,** 비행기로 여행하는 게 더 좋아요.

07
PART

Travel Expressions

✿ 만만하게
✿ 눈으로 읽고
✿ 귀로 듣고
✿ 입으로 소리내어 말한다!

출입국

비행기 예약

뉴욕 행 비행기를 예약하고 싶은데요.

I'd like to book a flight to New York.

아이드 라익 투 부커 플라잇 투 뉴욕

예약을 확인하고 싶은데요.

I'd like to confirm my reservation.

아이드 라익 투 컨펌 마이 레저베이션

요금이 얼마죠?

How much is the fare?

하우 머취즈 더 페어

더 저렴한 티켓은 있나요?

Is there a cheaper ticket?

이즈 데어러 취퍼 티킷

남은 좌석 있나요?

Are there seats available?

아 데어 씻츠 어베이러블

직항 있나요?

Is there a non-stop flight?

.이즈 데어러 난-스탑 플라잇

Conversation

A: **How much is the fare?**
B: **One-way or round trip?**

요금이 얼마죠?
편도인가요, 왕복인가요?

>> 녹음을 듣고 소리내어 읽어볼까요?

<< 듣기 >>

대한항공 탑승 수속 창구가 어디 있어요?

Where is the Korean Air check-in counter?

웨어리즈 더 코리언 에어 체킨 카운터

언제 탑승해요?

When do we board?

웬 두 위 보드

10번 게이트가 어디예요?

Where is Gate 10?

웨어리즈 게잇 텐

여기서 체크인하나요?

Can I check-in here?

캐나이 체킨 히얼

이 게이트로 어떻게 가죠?

How do I get to this gate?

하우 두 아이 겟 투 디스 게잇

이걸 기내에 가지고 들어갈 수 있어요?

Can I carry this in the cabin?

캐나이 캐리 디스 인 더 캐빈

Conversation

A: **Your passport and ticket, please.**
B: **Here they are.**

여권과 항공권을 주세요.
여기 있습니다.

>> 녹음을 듣고 소리내어 읽어볼까요?

듣기

여기는 제 자리인데요.
This is my seat.
디시즈 마이 씻

자리를 바꿔도 될까요?
Can I change my seat?
캐나이 체인지 마이 씻

짐을 위로 올려 주세요.
Please put this bag up there.
플리즈 풋 디스 백 업 데얼

입국신고서 한 장만 더 주세요.
Can I get another landing card?
캐나이 겟 어나덜 랜딩 카드

여기에 뭘 써야 하나요?
What should I write here?
왓 슈다이 라잇 히얼

좀 지나가도 될까요?
Excuse me, can I get through?
익스큐즈 미, 캐나이 겟 쓰루

Conversation

A: Excuse me. Can I have another blanket?
B: Sure. Wait a minute, please.

저기요, 담요 한 장 더 주실래요?
그럼요. 잠깐만 기다리세요.

>> 녹음을 듣고 소리내어 읽어볼까요?   <<< 듣기 >>>

맥주 있어요?

Do you have beer?

두 유 햅 비얼

콜라 주세요.

Coke, please.

콕, 플리즈

식사 시간에 깨워주세요.

Wake me up at mealtime.

웨익 미 업 앳 밀타임

고추장 있어요?

Do you have red pepper paste?

두 유 햅 렛 페퍼 페이슷

물 좀 주세요.

Can you get me some water?

캔 유 겟 미 썸 워러

저녁은 언제 나와요?

When will dinner be served?

웬 윌 디너 비 썹드

Conversation

A: **Would you like chicken, or beef?**
B: **Chicken, please.**

치킨 드시겠어요? 아니면 비프로 드시겠어요?
치킨으로 주세요.

>> 녹음을 듣고 소리내어 읽어볼까요?

<< 듣기 >>

이 공항에 어느 정도 머무나요?

How long will we stop here?

하우 롱 윌 위 스탑 히얼

얼마나 머무나요?

How long is the stopover?

하우 롱 이즈 더 스탑오버

얼마나 기다려야 해요?

How long should I wait?

하우 롱 슈다이 웨잇

어디서 갈아타죠?

Where can I transfer?

웨어 캐나이 트랜스풔

환승 카운터는 어디 있어요?

Where is the transfer counter?

웨어리즈 더 트랜스풔 카운터

수속을 다시 밟아야 하나요?

Do I have to check in again?

두아이 햅 투 체킨 어게인

Conversation

A: I missed my connecting flight. What should I do?
B: We'll put you on the next flight.

연결편을 놓쳤는데, 어떻게 해야 되죠?
다음 비행기를 잡아 드리겠습니다.

>> 녹음을 듣고 소리내어 읽어볼까요?

 << 듣기 >>

여권 좀 보여 주시겠습니까?

May I see your passport, please?

메아이 씨 유얼 패스폿, 플리즈

여행 목적은 무엇입니까?

What's the purpose of your visit?

왓츠 더 퍼포우즙 유얼 비짓

어느 정도 머무십니까?

How long are you going to stay?

하우 롱 알 유 고잉 투 스테이

어디에 머무십니까?

Where are you going to stay?

웨어라 유 고잉 투 스테이

최종 목적지는 어디입니까?

What's your final destination?

왓츄얼 파이널 데스터네이션

단체 여행을 하시는 건가요?

Are you traveling in a group?

알 유 트래벌링 이너 그룹

Conversation

A: **What's the purpose of your visit?**
B: **Sightseeing**

여행 목적은 무엇입니까?
관광입니다.

짐을 찾을 때

수화물은 어디서 찾나요?

Where can I get my baggage?

웨어 캐나이 겟 마이 배기쥐

제 짐이 보이지 않아요.

I can't find my baggage.

아이 캔ㅌ 파인 마이 배기쥐

제 여행가방이 여기에 없어요.

My suitcase is not here.

마이 슛케이스 이즈 낫 히얼

제 짐 좀 찾아주시겠어요?

Could you help me to find my baggage?

쿠쥬 핼프 미 투 파인 마이 배기쥐

짐 특징을 알려 주시겠어요?

Can you describe your baggage?

캔 유 디스크라입 유얼 배기쥐

제 짐이 파손되었어요.

My baggage was damaged.

마이 배기쥐 워즈 데미쥐드

Conversation

A: Let me see your claim tag.
B: Here it is.

수화물 보관증을 보여 주십시오.
여기 있습니다.

>> 녹음을 듣고 소리내어 읽어볼까요?   << 듣기 >>

특별히 신고하실 것이 있습니까?
Do you have anything to declare?
두 유 햅 애니씽 투 디클레어

가방을 열어 주십시오.
Open your bag, please.
오픈 유얼 백, 플리즈

이 가방에 무엇이 들어 있습니까?
What do you have in this bag?
왓 두 유 햅 인 디스 백

그건 제 친구에게 줄 선물입니다.
It's a gift for my friend.
잇처 깁트 풔 마이 프랜드

다른 짐은 없습니까?
Do you have any other baggage?
두 유 햅 애니 어덜 배기쥐

좋습니다. 가셔도 됩니다.
All right. You may go now.
올 롸잇. 유 메이 고 나우

A: **What's this?**
B: **It's a personal article.**
이것은 무엇입니까?
그건 개인용품입니다.

환전소는 어디에 있나요?

Where's the money change?

웨어즈 더 머니 체인쥐

환전 좀 해 주세요.

Exchange, please.

익스체인쥐, 플리즈

이걸 달러로 바꿔 주세요.

Can you change this into dollars?

캔 유 체인쥐 디스 인투 달러즈

환율은 어떻게 되죠?

What's the rate of exchange?

왓츠 더 래이롭 익스체인쥐

이 여행자수표를 현금으로 바꾸고 싶은데요.

I'd like to cash these traveler's checks.

아이드 라익 투 캐쉬 디즈 트레벌러즈 첵스

(지폐를 건네며) 이걸 잔돈으로 바꿔 주시겠어요?

May I have some change?

메아이 햅 썸 체인쥐

Conversation

A: Where can I exchange money?
B: Go to "Currency Exchange."

환전은 어디서 하나요?
'환전'이라고 표시된 곳으로 가세요.

 녹음을 듣고 소리내어 읽어볼까요? <<< 듣기 >>>

관광안내소는 어디에 있나요?

Where's the tourist information center?

웨어즈 더 투어리슷 인풔메이션 센터

실례합니다. 시내지도 한 장 얻고 싶은데요.

Excuse me. I'd like to get a city map, please.

익스큐즈 미. 아이드 라익 투 게러 씨티 맵, 플리즈

시내로 들어가는 공항버스는 있나요?

Is there an airport bus to the city?

이즈 데어런 에어폿 버스 투 더 씨티

시내까지 택시비는 얼마 정도입니까?

How much does it cost to the city center by taxi?

하우 머취 더짓 코슷 투 더 씨티 센터 바이 택시

여기서 호텔 예약을 할 수 있나요?

Can I reserve a hotel here?

캐나이 리저버 호텔 히얼

시내 호텔을 예약해 주시겠어요?

Could you reserve a hotel in the city?

쿠쥬 리저버 호텔 인 더 씨티

Conversation

A: Excuse me. I'd like to get a city map, please.
B: Yes, here it is.

실례합니다. 시내지도 한 장 얻고 싶습니다.
네, 여기 있습니다.

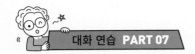

● 대화 내용의 녹음을 듣고 우리말을 영어로 말해 보세요.

Unit 01

A: 요금이 얼마죠?

B: **One-way or round trip?**

Unit 02

A: **Your passport and ticket, please.**

B: 여기 있습니다.

Unit 03

A: **Excuse me.** 담요 한 장 더 주실래요?

B: **Sure. Wait a minute, please.**

Unit 04

A: **Would you like chicken, or beef?**

B: 치킨으로 주세요.

Unit 05

A: 연결편을 놓쳤는데. **What should I do?**

B: **We'll put you on the next flight.**

Unit 06

A: **What's the purpose of your visit?**

B: 관광입니다.

Unit 07

A: **Let me see your claim tag.**

B: 여기 있습니다.

Unit 08

A: **What's this?**

B: 그건 개인용품입니다.

Unit 09

A: 환전은 어디서 하나요?

B: **Go to "Currency Exchange."**

Unit 10

A: **Excuse me.** 시내지도 한 장 얻고 싶습니다.

B: **Yes, here it is.**

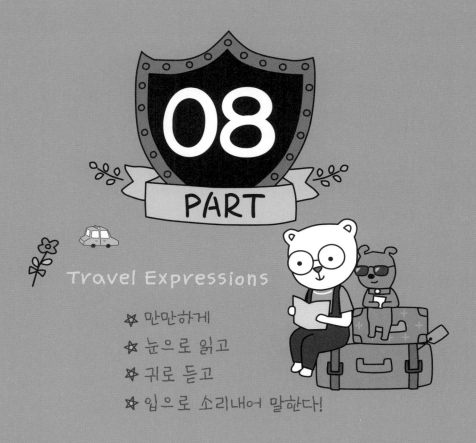

08 PART

Travel Expressions

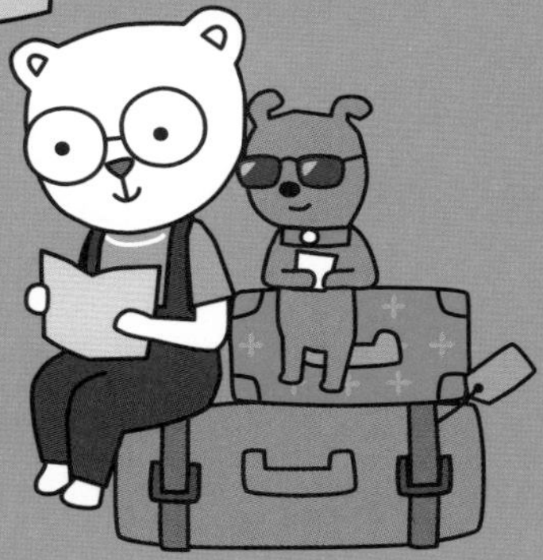

✡ 만만하게
✡ 눈으로 읽고
✡ 귀로 듣고
✡ 입으로 소리내어 말한다!

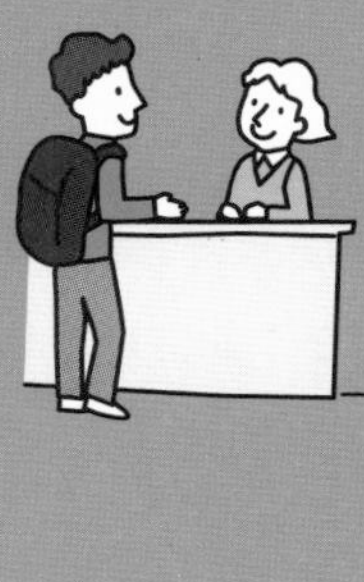

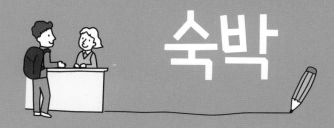

숙박

호텔 예약

오늘 밤 호텔을 예약하고 싶은데요.

I'd like to reserve a hotel room for tonight.

아이드 라익 투 리저버 호텔 룸 풔 투나잇

얼마나 머무실 겁니까?

How long will you be staying?

하우 롱 윌 유 비 스테잉

1박에 얼마인가요?

How much for a night?

하우 머취 풔러 나잇

아침식사는 포함된 건가요?

Is breakfast included?

이즈 브랙퍼슷 인클루딧

예약을 취소하고 싶은데요.

I'd like to cancel my reservation.

아이드 라익 투 캔슬 마이 레져베이션

예약을 변경하고 싶은데요.

I'd like to change my reservation.

아이드 라익 투 체인쥐 마이 레져베이션

Conversation

A: What kind of room are you looking for?
B: I'd like a single room with bath.

어떤 방을 원하십니까?
욕실이 딸린 싱글 룸으로 주세요.

>> 녹음을 듣고 소리내어 읽어볼까요? << 듣기 >>

체크인하고 싶은데요.

I'd like to check in.

아이드 라익 투 체킨

성함을 말씀해 주시겠어요?

May I have your name?

메아이 해뷰얼 네임

이 숙박 카드에 기입해 주십시오.

Please fill in the registration card.

플리즈 필린 더 레쥐스트레이션 카드

죄송하지만, 손님은 예약이 안 되어 있습니다.

I'm afraid I can't find your reservation.

아임 어프레이드 아이 캔트 파인드 유얼 레저베이션

방 좀 보여 주실래요?

May I see the room?

메아이 씨 더 룸

방을 바꿔 주시겠어요?

Could you please change my room?

쿠쥬 플리즈 체인쥐 마이 룸

Conversation

A: **Do you have a reservation?**
B: **Yes. I have a reservation for Mr. Kim.**

예약을 하셨습니까?
네, '김'이라는 이름으로 예약을 했는데요.

예약을 안 했을 때 체크인

>> 녹음을 듣고 소리내어 읽어볼까요?

<< 듣기 >>

예약을 안 했는데요.
I don't have a reservation.
아이 돈트 해버 레저베이션

죄송합니다만, 지금은 방이 다 찼습니다.
I'm afraid we're all filled up now.
아임 어프레이드 위아 올 필덥 나우

어떤 방을 원하십니까?
What kind of room would you like?
왓 카인돕 룸 우쥬 라익

싱글 룸으로 드릴까요, 더블 룸으로 드릴까요?
A single room, or a double room?
어 싱글 룸, 오어러 더블 룸

전망이 좋은 방으로 주세요.
I need a room commanding a good view.
아이 니더 룸 컴맨딩 어 굿 뷰

다른 호텔을 알아봐 주시겠어요?
Would you refer me to another hotel?
우쥬 리퍼 미 투 어나더 호텔

Conversation

A: **Do you have a reservation?**
B: **No, I don't, but do you have a room for tonight?**
예약은 하셨습니까?
안 했는데, 오늘 밤 방이 있나요?

이 가방을 한국에 보내려고 하는데요.

I'd like to send this bag to Korea.

아이드 라익 투 샌 디스 백 투 코리아

시내지도 한 장 주시겠어요?

Can I have a city map?

캐나이 해버 시티 맵

이 호텔 주소가 적힌 카드를 주시겠어요?

Can I have a card with the hotel's address?

캐나이 해버 카드 윗 더 호텔스 어드레스

여기서 관광버스 표를 살 수 있나요?

Can I get a ticket for the sightseeing bus here?

캐나이 게러 티킷 풔 더 싸잇씽 버스 히얼

와이파이 비밀번호가 뭐예요?

What's the password for wi-fi?

왓츠 더 패스워드 풔 와이파이

이메일을 체크하고 싶은데요.

I want to check my e-mail.

아이 원투 첵 마이 이메일

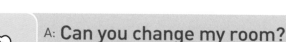

Conversation

A: **Can you change my room?**
B: **What's the problem?**

방을 바꿔주시겠어요?
무슨 문제라도 있으십니까?

Unit 05 룸서비스

룸서비스 좀 부탁할게요.

Room service, please.

룸 서비스, 플리즈

룸서비스입니다. 무엇을 도와드릴까요?

Room service. Can I help you?

룸 서비스. 캐나이 핼퓨

지금 아침식사를 주문할 수 있나요?

Can I order breakfast now?

캐나이 오더 브랙퍼슷 나우

방 청소를 부탁할게요.

Please make up this room, please.

플리즈 메이컵 디스 룸, 플리즈

모닝콜을 어떻게 하나요?

How can I get a wake-up call?

하우 캐나이 게러 웨이컵 콜

룸서비스가 아직 안 왔는데요.

Room service hasn't come yet.

룸서비스 해즌ㅌ 컴 옛

Conversation

A: Would you bring me boiling water?
B: Your name and room number, please.

뜨거운 물 좀 갖다 주시겠어요?
이름과 방 번호를 말씀해 주십시오.

Unit 06 호텔 시설을 이용할 때

식당은 어디에 있나요?
Where is the dining room?
웨어리즈 더 다이닝 룸

아침식사는 몇 시에 하죠?
What time can I have breakfast?
왓 타임 캐나이 햅 브랙퍼슷

커피숍은 어디에 있나요?
Where's the coffee shop?
웨어즈 더 커피 샵

세탁 좀 부탁할게요.
Laundry service, please.
런드리 서비스, 플리즈

호텔 안에 이발소가 있나요?
Is there a beauty barbershop in this hotel?
이즈 데어러 뷰티 바버샵 인 디스 호텔

계산은 제 방으로 해 주세요.
Will you charge it to my room?
윌 유 차짓 투 마이 룸

Conversation

A: What kind of facilities are there in the hotel?
B: Everything you could possibly want.
호텔에는 어떤 시설이 있나요?
거의 모두 다 있습니다.

Unit 07 외출할 때

열쇠 좀 맡아 주시겠어요?

Will you keep my room key?

윌 유 킵 마이 룸 키

귀중품을 보관하고 싶은데요.

I want you to take my valuables.

아이 원츄 투 테익 마이 밸류어블즈

저한테 메시지는 없나요?

Do you have any messages for me?

두 유 해버니 메시쥐스 풔 미

저에게 온 전화는 있었나요?

Has anybody called me?

해즈 애니바디 콜드 미

맡긴 짐을 주시겠어요?

May I have my baggage back?

메아이 햅 마이 배기쥐 백

열쇠를 주시겠어요?

Can I have my key?

캐나이 햅 마이 키

Conversation

A: **Will you keep my room key?**
B: **We can do that for you.**

열쇠 좀 보관해 주시겠어요?
알겠습니다.

뜨거운 물이 안 나오는데요.

There's no hot water.

데어즈 노 핫 워러

화장실 변기가 막혔어요.

The toilet doesn't flush.

더 토일릿 더즌ㅌ 플러쉬

옆방이 너무 시끄러워요.

The next room's very noisy.

더 넥숫 룸즈 베리 노이지

방이 아직 청소가 안 되어 있는데요.

My room hasn't been cleaned yet.

마이 룸 해즌ㅌ 빈 클린드 옛

방에 타월이 부족해요.

I don't have enough towels in my room.

아이 돈ㅌ 햅 이넙 타월즈 인 마이 룸

텔레비전이 고장났어요.

The TV is out of order.

더 티비 이즈 아우롭 오더

Conversation

A: Could you send someone up to my room?
B: Sure, what's the problem.

잠깐 제 방으로 와 주시겠어요?
네, 무슨 일이십니까?

체크아웃을 준비할 때

체크아웃 시간은 몇 시죠?

When is Check out time?

웨니즈 체카웃 타임

몇 시에 떠나실 겁니까?

What time are you leaving?

왓 타임 알 유 리빙

1박을 더 하고 싶은데요.

I'd like to stay one more night.

아이드 라익 투 스테이 원 모어 나잇

하루 일찍 떠나고 싶은데요.

I'd like to leave one day earlier.

아이드 라익 투 러브 원 데이 얼리어

오후까지 방을 쓸 수 있나요?

May I use the room till this afternoon?

메아이 유즈 더 룸 틸 디스 앱터눈

오전 10시에 택시를 불러 주세요.

Please call a taxi for me at 10 a.m.

플리즈 코러 택시 풔 미 앳 텐 에이엠

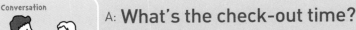

Conversation

A: **What's the check-out time?**
B: **It's noon.**

체크아웃 시간은 몇 시죠?
12시입니다.

>> 녹음을 듣고 소리내어 읽어볼까요?

<< 듣기 >>

체크아웃 해 주세요.

Check out, please.

체카웃, 플리즈

맡긴 귀중품을 꺼내 주시겠어요?

I'd like my valuables from the safe.

아이드 라익 마이 밸류어블즈 프럼 더 세입

방에 물건을 두고 나왔어요.

I left something in my room.

아이 랩트 썸씽 인 마이 룸

계산서를 주시겠어요?

I'd like to take care of my bill.

아이드 라익 투 테익 케어롭 마이 빌

봉사료가 포함된 가격인가요?

Does the price include the service charge?

더즈 더 프라이스 인클루드 더 서비스 차쥐

영수증을 주시겠어요?

Can I have a receipt?

캐나이 해버 리싯

Conversation

A: I'd like to check out now.
B: What's your room number?

지금 체크아웃을 하고 싶은데요.
몇 호실입니까?

● 대화 내용의 녹음을 듣고 우리말을 영어로 말해 보세요.

Unit 01

A: **What kind of room are you looking for?**

B: 욕실이 딸린 싱글 룸으로 주세요.

Unit 02

A: **Do you have a reservation?**

B: **Yes.** '김'이라는 이름으로 예약을 했는데요.

Unit 03

A: **Do you have a reservation?**

B: 안 했는데, 오늘 밤 방이 있나요?

Unit 04

A: 방을 바꿔주시겠어요?

B: **What's the problem?**

Unit 05

A: 뜨거운 물 좀 갖다 주시겠어요?

B: **Your name and room number, please.**

Unit 06

A: 호텔에는 어떤 시설이 있나요?

B: **Everything you could possibly want.**

Unit 07

A: 열쇠 좀 보관해 주시겠어요?

B: **We can do that for you.**

Unit 08

A: 잠깐 제 방으로 와 주시겠어요?

B: **Sure, what's the problem.**

Unit 09

A: 체크아웃 시간은 몇 시죠?

B: **It's noon.**

Unit 10

A: 지금 체크아웃을 하고 싶은데요.

B: **What's your room number?**

09
PART

Travel Expressions

✿ 만만하게
✿ 눈으로 읽고
✿ 귀로 듣고
✿ 입으로 소리내어 말한다!

식사

>> 녹음을 듣고 소리내어 읽어볼까요?   << 듣기 >>

괜찮은 레스토랑 좀 알려 주시겠어요?

Could you tell me a good restaurant?

쿠쥬 텔 미 어 굿 레스터런

이 근처에 괜찮은 레스토랑이 있어요?

Is there a good restaurant around here?

이즈 데어러 굿 레스터런 어롸운 히얼

레스토랑이 많은 곳은 어디죠?

Where is the main area for restaurants?

웨어리즈 더 메인 에어리어 풔 레스터런츠

한식당은 있나요?

Do you have a Korean restaurant?

두 유 해버 코리언 레스터런

지금 문을 연 레스토랑은 있나요?

Do you know of any restaurants open now?

두 유 노우 옵 애니 레스터런츠 오픈 나우

이곳 로컬푸드를 먹고 싶은데요.

I'd like to have some local food.

아이드 라익 투 햅 썸 로컬 푸드

Conversation

A: Could you recommend a good restaurant?
B: The one around the corner is excellent.

괜찮은 식당 있으면 추천 좀 해주세요.
모퉁이에 좋은 가게가 하나 있습니다.

식당 예약

>> 녹음을 듣고 소리내어 읽어볼까요?

<< 듣기 >>

예약을 해야 하나요?

Do I need a reservation?

두 아이 니더 레저베이션

예약 좀 해주시겠어요?

Could you make a reservation for me?

쿠쥬 메이커 레저베이션 풔 미

일행은 몇 분이십니까?

How large is your party?

하우 라쥐 이쥬어 파티

창가 테이블로 주세요.

I'd like a table by the window.

아이드 라이커 테이블 바이 더 윈도우

몇 시까지 영업을 하죠?

How late is it open?

하우 레잇 이짓 오픈

거기는 어떻게 가죠?

How can I get there?

하우 캐나이 겟 데얼

Conversation

A: **I'd like to reserve a table for three.**
B: **May I have your name, please?**

3인용(테이블)을 예약하고 싶은데요.
성함을 말씀해 주시겠어요?

자리에 앉을 때까지

예약을 했는데요.

I have a reservation.

아이 해버 레저베이션

자리 있어요?

Can we have a table?

캔 위 해버 테이블

몇 분이십니까?

How many of you, sir?

하우 메니 오뷰, 썰

지금 자리가 다 찼습니다.

No tables are available now.

노 테이블즈 알 어베이러블 나우

어느 정도 기다려야 하죠?

How long do we have to wait?

하우 롱 두 위 햅 투 웨잇

저쪽으로 옮길 수 있을까요?

Could we move over there?

쿳 위 무브 오버 데얼

Conversation

A: **We need a table for two.**
B: **Please wait to be seated.**

2인용 테이블로 해 주세요.
안내해 드릴 때까지 기다려 주십시오.

>> 녹음을 듣고 소리내어 읽어볼까요? << 듣기 >>

주문할게요.
We are ready to order.
위 알 레디 투 오더

주문하시겠습니까?
Are you ready to order?
알 유 레디 투 오더

이것으로 주세요.
I'll take this one.
이일 테익 디스 원

저도 같은 것으로 주세요.
I'll have the same.
아일 햅 더 쎄임

뭐가 빨리 되죠?
What can you serve quickly?
왓 캔 유 썹 퀵클리

다른 주문은 없으십니까?
Anything else?
애니씽 엘스

Conversation

A: Can I see the menu, please?
B: Here's our menu, sir.
메뉴 좀 볼 수 있을까요?
메뉴 여기 있습니다, 손님.

식당에서의 트러블

요리가 아직 안 나오는데요.

We're still waiting for our food.

위아 스틸 웨이팅 풔라워 풋

이건 주문을 안 했는데요.

I didn't order this.

아이 디든ㅌ 오더 디스

주문을 바꿔도 될까요?

Can I change my order?

캐나이 체인쥐 마이 오더

주문을 취소하고 싶은데요.

I want to cancel my order.

아 원투 캔슬 마이 오더

음식에 이상한 것이 들어 있어요.

There is something strange in my food.

데어리즈 썸씽 스트레인쥐 인 마이 풋

이 음식이 상한 것 같은데요.

I'm afraid this food is stale.

아임 어프레이드 디스 풋 이즈 스테일

Conversation

A: **This soup tastes funny.**
B: **Would you like another one?**

수프 맛이 이상한데요.
다른 것으로 드릴까요?

>> 녹음을 듣고 소리내어 읽어볼까요?   << 듣기 >>

먹는 법을 알려 주시겠어요?

Could you tell me how to eat this?

쿠쥬 텔 미 하우 투 잇 디스

테이블 좀 치워 주실래요?

Could you please clear the table?

쿠쥬 플리즈 클리어 더 테이블

물 좀 더 주시겠어요?

May I have more water?

메아이 햅 모어 워러

빵 좀 더 주세요.

I'd like some more bread, please.

아이드 라익 썸 모어 브레드, 플리즈

소금 좀 건네주세요.

Pass me the salt, please.

패쓰 미 더 솔트, 플리즈

이 음식을 싸 주시겠어요?

Would you wrap this for me?

우쥬 랩 디스 풔 미

Conversation

A: **Excuse me, Waiter?**
B: **Yes. Can I help you?**

저기요?
예, 뭘 도와드릴까요?

음식 맛의 표현

맛이 어때요?

How does it taste?

하우 더짓 테이슷

정말 맛있어요!

It's very delicious!

잇츠 베리 딜리셔스

생각보다 맛있군요.

It's better than I expected.

잇츠 베러 대나이 익스펙티드

이건 제 입맛에 안 맞아요.

This food doesn't suit my taste.

디스 풋 더즌ㅌ 슈잇 마이 테이슷

먹음직스러워 보이네요.

That sounds appetizing.

댓 사운즈 애피타이징

맛있는 냄새가 나는데요.

That smells delicious.

댓 스멜즈 딜리셔스

Conversation

A: **How does it taste?**
B: **It's very good.**

맛이 어떻습니까?
아주 맛있는데요.

>> 녹음을 듣고 소리내어 읽어볼까요?   << 듣기 >>

계산서 좀 갖다 주시겠어요?
May I have the check, please?
매아이 햅 더 첵, 플리즈

어디서 계산하나요?
Where shall I pay the bill?
웨어 쉘 아이 페이 더 빌

봉사료는 포함되어 있나요?
Is it including the service charge?
이짓 인클루딩 더 써비스 차쥐

제가 낼게요.
I want to treat you.
아이 원투 트릿츄

각자 내기로 하죠.
Let's go Dutch.
렛츠 고 더취

이건 당신께 드리는 팁입니다.
This is a tip for you.
디시저 팁 풔 유

Conversation

A: Did you enjoy your lunch?
B: I enjoyed it very much.
점심 식사 맛있게 드셨어요?
아주 맛있게 먹었습니다.

음료와 술을 마실 때

<< 듣기 >>

커피 한 잔 어때요?

How about a cup of coffee?

하우 어바우러 커펍 커피

커피 한 잔 주세요.

A cup of coffee, please.

어 커펍 커피, 플리즈

‹ 술 한 잔 어때요?

How about a drink?

하우 어바우러 드링

맥주 한 잔 드실래요?

Would you like a beer?

우쥬 라이커 비얼

건배!

Cheers!

치얼즈

나는 그렇게 술을 많이 마시는 사람은 아니에요.

I'm not such a big drinker.

아임 낫 서처 빅 드링커

Conversation

A: This coffee was delicious.
B: How about seconds?

이 커피 맛있네요.
한 잔 더 할래요?

패스트푸드점에서

>> 녹음을 듣고 소리내어 읽어볼까요?

<< 듣기 >>

햄버거 두 개 주세요.

Can I have two hamburgers?

캐나이 햅 투 햄버걸스

프렌치 프라이 큰 거 하나 주세요.

One large french fries, please.

원 라쥐 프랜취 프라이스, 플리즈

핫도그하고 콜라 작은 걸로 주세요.

A hot dog and a small coke, please.

어 핫 독 애너 스몰 콕, 플리즈

케첩을 발라드릴까요, 마요네즈를 발라드릴까요?

With ketchup or mayonnaise?

위드 케첩 오어 메이어네이즈

(요리를 가리키며) 이걸 샌드위치에 넣어 주세요.

Put this in the sandwich, please.

풋 디스 인 더 샌드위치, 플리즈

치즈피자 세 조각 주세요.

Three slices of cheese pizza, please.

쓰리 슬라이시즙 치즈 피자, 플리즈

Conversation

A: **For here or to go?**
B: **To go, please.**

여기서 드실 겁니까, 가지고 가실 겁니까?
가지고 갈 겁니다.

● 대화 내용의 녹음을 듣고 우리말을 영어로 말해 보세요.

Unit 01

A: 괜찮은 식당 있으면 추천 좀 해주세요.

B: **The one around the corner is excellent.**

Unit 02

A: 3인용(테이블)을 예약하고 싶은데요.

B: **May I have your name, please?**

Unit 03

A: 2인용 테이블로 해 주세요.

B: **Please wait to be seated.**

Unit 04

A: 메뉴 좀 볼 수 있을까요?

B: **Here's our menu, sir.**

Unit 05

A: 수프 맛이 이상한데요.

B: **Would you like another one?**

Unit 06

A: 저기요?

B: **Yes. Can I help you?**

Unit 07

A: **How does it taste?**

B: 아주 맛있는데요.

Unit 08

A: **Did you enjoy your lunch?**

B: 아주 맛있게 먹었습니다.

Unit 09

A: 이 커피 맛있네요.

B: **How about seconds?**

Unit 10

A: **For here or to go?**

B: 가지고 갈 겁니다.

10

PART

Travel Expressions

✿ 만만하게
✿ 눈으로 읽고
✿ 귀로 듣고
✿ 입으로 소리내어 말한다!

교통

실례합니다.
Excuse me.
익스큐즈 미

여기가 어디예요?
Where am I?
웨어래마이

가장 가까운 지하철역이 어디 있어요?
Where is the nearest subway station?
웨어리즈 더 니어리슷 썹웨이 스테이션

약도를 좀 그려주시겠어요?
Could you draw me a map?
쿠쥬 드로우 미 어 맵

저도 여기는 처음이에요
I'm a stranger here myself.
아이머 스트래인저 히얼 마이셀프

버스를 타세요.
Take the bus.
테익 더 버스

Conversation

A: **Could you tell me the way to the subway station?**
B: **Go along this street.**

지하철역으로 가는 길을 가르쳐 주시겠어요?
이 길을 따라 가세요.

>> 녹음을 듣고 소리내어 읽어볼까요?

택시를 불러 주시겠어요?
Could you call me a taxi?
쿠쥬 콜 미 어 택시

공항으로 가주세요.
Please take me to the airport.
플리즈 테익 미 투 디 에어폿

얼마나 걸리죠?
How long does it take?
하우 롱 더짓 테익

다음 모퉁이에서 왼쪽으로 도세요.
Turn left at the next corner.
턴 랩트 앳 더 넥슷 코너

여기서 세워주세요.
Stop here, please.
스탑 히얼, 플리즈

요금이 얼마죠?
What's the fare?
왓츠 더 페어

A: **Where to, sir?**
B: **To Seoul station, please.**
어디로 모실까요?
서울역으로 가주세요.

버스를 탈 때

듣기

이 버스 공항에 갑니까?

Does this bus go to the airport?

더즈 디스 버스 고 투 디 에어폿

다음 정거장은 어디예요?

What's the next stop?

왓츠 더 넥슷 스탑

버스를 잘못 탔어요.

I took the wrong bus.

아이 툭 더 렁 버스

내릴 곳을 놓쳤어요.

I missed my stop.

아이 미스트 마이 스탑

뉴욕행 버스는 얼마나 자주 운행되나요?

How often do the buses run to New York?

하우 오픈 두 더 버시즈 런 투 뉴욕

이 버스는 타임스퀘어에서 섭니까?

Does this bus stop at Time Square?

더즈 디스 버스 스탑 앳 타임 스퀘어

Conversation

A: Where's the bus stop?
B: It's just across the street.

버스 정류장이 어디죠?
바로 길 건너편이에요.

지하철 노선도를 얻을 수 있을까요?

Can I have a subway map?

캐나이 해버 썹웨이 맵

이 근처에 지하철역이 있습니까?

Is the subway station near here?

이즈 더 썹웨이 스테이션 니어 히얼

표는 어디서 살 수 있습니까?

Where can I buy a ticket?

웨어 캐나이 바이 어 티킷

어느 선이 센트럴 파크로 갑니까?

Which line goes to Central Park?

위치 라인 고우즈 투 센츄럴 팍

맨하탄에 가려면 어디서 갈아탑니까?

Where do I have to change for Manhattan?

웨어 두아이 햅투 췌인지 풔 맨해튼

공항까지 정거장이 몇 개 있어요?

How many stops is it to the Airport?

하우 매니 스탑스 이짓 투 디 에어폿

Conversation

A: **Can I have a subway map?**
B: **Yes, it's over there.**

지하철 노선도를 얻을 수 있을까요?
네, 저기 있습니다.

>> 녹음을 듣고 소리내어 읽어볼까요?

 듣기

매표소가 어디 있어요?

Where is the ticket office?

웨어리즈 더 티킷 오피스

이 열차가 시카고 행 열차예요?

Is this going to Chicago?

이즈 디스 고잉 투 시카고

열차가 얼마나 자주 옵니까?

How often does the train come?

하우 오픈 더즈 더 트레인 컴

이 열차 그 역에서 정차합니까?

Does this train stop at the station?

더즈 디스 트레인 스탑 앳 더 스테이션

별도의 요금을 내야 합니까?

Do I have to pay an extra charge?

두 아이 햅 투 페이 언 엑스트라 차쥐

식당칸은 있습니까?

Does the train have a dining car?

더즈 더 트레인 해버 다이닝 카르

Conversation

A: **Which platform is for Busan?**
B: **Platform 2.**

부산으로 가려면 어느플랫폼으로 가야 해요?
2번 플랫폼요.

비행기를 탈 때

 듣기 >>

탑승 수속은 언제 하죠?

When should I check in?

웬 슈다이 체킨

창문 옆 좌석을 주세요.

Please give me a window seat.

플리즈 깁 미 어 윈도우 씻

출발 시간이 언제죠?

When does this airplane take off?

웬 더즈 디스 에어플레인 테이콥

비행기를 타러 어디로 가죠?

Where is the gate for this flight?

웨어리즈 더 게잇 풔 디스 플라잇

이건 가지고 들어갈 수 있어요?

Can I carry this with me?

캐나이 캐리 디스 윗 미

제 자리는 어디죠?

Where's my seat, please?

웨어즈 마이 씻, 플리즈

A: **Can I see your ticket, please?**
B: **Yes, here it is.**

탑승권을 보여 주시겠어요?
네, 여기 있습니다.

Unit 07 렌터카

어디서 차를 빌리죠?
Where can I rent a car?
웨어 캐나이 렌터 카ㄹ

렌터카 영업소는 어디에 있죠?
Where's the rent-a-car firm?
웨얼즈 더 렌-터-카ㄹ 펌

차를 빌리고 싶은데요.
I'd like to rent a car.
아이드 라익 투 렌터 카ㄹ

요금표를 보여 주시겠어요?
May I see the rate list?
메아이 씨 더 레잇 리슷

3일간 차를 빌리고 싶은데요.
I want to rent a car for three days.
아 원투 렌터 카ㄹ 풔 쓰리 데이즈

소형차는 있어요?
Do you have economy cars?
두 유 햅 이커너미 카ㄹ즈

Conversation

A: **What kind of car do you want?**
B: **An automatic sedan, please.**
어떤 차를 원하세요?
오토 세단을 주세요.

Unit 08 자동차를 운전할 때

주유소를 찾고 있는데요.

I'm looking for a gas station.

아임 룩킹 풔러 개스 스테이션

여기에 주차해도 될까요?

Can I park here?

캐나이 팍 히얼

차가 시동이 안 걸려요.

This car doesn't work.

디스 카ㄹ 더즌ㅌ 웍

가득 넣어주세요.

Fill it up, please.

필립 업, 플리즈

타이어가 펑크 났어요.

I had a flat tyre.

아이 해더 플랫 타이어

다음 휴게소까지 얼마나 멀어요?

How far is it to the next services?

하우 파 이짓 투 더 넥숫 서비시스

Conversation

A: **Why did you stop me?**
B: **You exceeded the speed limit.**

왜 저를 세우셨습니까?
선생님께서는 제한속도를 위반하셨습니다.

>> 녹음을 듣고 소리내어 읽어볼까요?   << 듣기 >>

오늘 아침에 교통사고를 당했어요.

I had a traffic accident this morning.

아이 해더 트래픽 액씨던트 디스 모닝

제 탓이 아니에요.

It wasn't my fault.

잇 워즌ㅌ 마이 펄트

그의 차가 내 차 옆면을 들이받았어요.

His car hit the side of my car.

히즈 카ㄹ 힛 더 사이돕 마이 카ㄹ

내 차가 조금 찌그러졌어요.

My car has some dents.

마이 카ㄹ 해즈 썸 덴츠

보험 처리가 될까요?

Will the insurance cover it?

윌 디 인슈어런스 커버릿

구급차를 불러 주세요.

Please call an ambulance!

플리즈 콜 언 앰뷸런스

Conversation

A: **There was a car accident.**
B: **When did it happen?**

교통사고가 있었어요.
언제 사고가 일어났습니까?

위급한 상황일 때

무엇을 원하세요?

What do you want?

왓 두 유 원트

그만 두세요!

Stop it!

스타핏

그만 두세요!

잠깐! 뭘 하는 겁니까?

Hey! What are you doing?

헤이! 워라유 두잉

가까이 오지 마세요.!

Stay away from me!

스테이 어웨이 프럼 미

도와주세요!

Help me!

핼프 미

경찰 아저씨!

Police!

폴리스

Conversation

A: **911 emergency Services.**
B: **Help me, I'm in the pit!**

911 긴급구조대입니다.
도와주세요, 구덩이에 빠졌어요!

● 대화 내용의 녹음을 듣고 우리말을 영어로 말해 보세요.

Unit 01

A: 지하철역으로 가는 길을 가르쳐 주시겠어요?

B: **Go along this street.**

Unit 02

A: 어디로 모실까요?

B: **To Seoul station, please.**

Unit 03

A: 버스 정류장이 어디죠?

B: **It's just across the street.**

Unit 04

A: 지하철 노선도를 얻을 수 있을까요?

B: **Yes, it's over there.**

Unit 05

A: **Which platform is for Busan?**

B: 2번 플랫폼요.

Unit 06

A: **Can I see your ticket, please?**

B: 네, 여기 있습니다.

Unit 07

A: **What kind of car do you want?**

B: 오토 세단을 주세요.

Unit 08

A: 왜 저를 세우셨습니까?

B: **You exceeded the speed limit.**

Unit 09

A: 교통사고가 있었어요.

B: **When did it happen?**

Unit 10

A: **911 emergency Services.**

B: 도와주세요, 구덩이에 빠졌어요!

11

PART

Travel Expressions

✿ 만만하게
✿ 눈으로 읽고
✿ 귀로 듣고
✿ 입으로 소리내어 말한다!

관광

>> 녹음을 듣고 소리내어 읽어볼까요?　　　<< 듣기 >>

시내 투어는 있습니까?

Is there a city tour?

이즈 데어러 씨리 투어

무료 시내지도는 있나요?

Do you have a free city map?

두 유 해버 프리 씨리 맵

민박 목록은 있어요?

Do you have a list of B&Bs?

두 유 해버 리스톱 비앤비즈

꼭 구경해야 할 곳을 몇 군데 가르쳐 주세요.

Please tell me some of the places I should visit.

플리즈 텔 미 썸 옵 더 플레이스 아이 슛 비짓

도시를 둘러보는 가장 좋은 방법은 뭐예요?

What's the best way of seeing around the city?

왓츠 더 베숫 웨이 옵 씨잉 어라운 더 씨리

관광객을 위한 안내책자는 있나요?

Do you have a tourist guide brochure?

두 유 해버 투어리숫 가이드 브로슈어

Conversation

A: **Do you have any brochures on local attractions?**
B: **Sure, here it is.**

지역 명소에 관한 안내책자 같은 거 있어요?
그럼요, 여기 있습니다.

관광여행을 하고 싶은데요.

I'd like to take a sightseeing tour.

아이드 라익 투 테이커 싸잇씽 투어

관광버스 투어는 있나요?

Is there a sightseeing bus tour?

이즈 데어러 싸잇씽 버스 투어

어떤 종류의 투어가 있어요?

What kind of tours do you have?

왓 카인돕 투어스 두 유 햅

하루 코스는 있나요?

Do you have a full-day tour?

두 유 해버 풀-데이 투어

야간 투어는 있나요?

Do you have a night tour?

두 유 해버 나잇 투어

개인당 비용은 얼마죠?

What's the rate per person?

왓츠 더 레잇 퍼 퍼슨

Conversation

A: **Where does it start?**
B: **It starts from the hotel.**
어디서 출발하죠?
호텔에서 출발합니다.

>> 녹음을 듣고 소리내어 읽어볼까요?　　　《 듣기 》

저게 뭐죠?

What is that?

와리즈 댓

저게 뭔지 아세요?

Do you know what that is?

두 유 노우 왓 대리즈

저기 있는 저 동상은 뭐죠?

What's that statue over there?

왓츠 댓 스태츄 오버 데얼

이 건물은 왜 유명하죠?

What is this building famous for?

와리즈 디스 빌딩 페이머스 풔

정말 아름다운 경치네요!

What a beautiful sight!

와러 뷰티펄 싸잇

전망이 기가 막히네요!

What a fantastic view!

와러 팬태스틱 뷰

Conversation

A: **How long does this tour take?**
B: **It'll take about 4 hours.**

이 코스를 여행하는 데 시간이 얼마나 걸려요?
대략 4시간 정도 걸릴 거예요.

>> 녹음을 듣고 소리내어 읽어볼까요?

<< 듣기 >>

입장료는 얼마예요?

How much is the admission fee?

하우 머취즈 디 어드미션 피

어른 두 장 주세요.

Two adults, please.

투 어덜츠, 플리즈

오후 6시에 폐관합니다.

The closing time is 6 p.m.

더 클로징 타임 이즈 식스 피엠

이 입체 전시물들 대단하지 않아요?

Aren't these dioramas excellent?

안ㅌ 디즈 다이어라머즈 엑셀런트

만지지 마세요.

Don't touch it.

돈ㅌ 터칫

피카소 작품은 어디 있어요?

Where are the works of Picasso?

웨어라 더 웍스 옵 피카소우

Conversation

A: Excuse me. Where's the museum?
B: Go straight for about a mile.

실례합니다. 박물관이 어디 있습니까?
곧장 1마일쯤 가세요.

사진을 찍을 때

여기서 사진 찍어도 되나요?

Can I take a picture here?

캐나이 테이커 픽춰 히얼

여기서 플래시를 사용해도 되나요?

May I use a flash here?

메아이 유저 플래쉬 히얼

사진 좀 찍어 주시겠어요?

Could you take a picture of me, please?

쿠쥬 테이커 픽쳐 옵 미, 플리즈

이 버튼만 누르세요.

Just press this button.

저슷 프레스 디스 버튼

같이 사진 찍어도 될까요?

Can I take a picture with you?

캐나이 테이커 픽춰 위듀

셀카 찍자.

Let's take a selfie.

렛츠 테이커 셀피

A: **Is it OK to take pictures here?**
B: **Yes, of course.**

여기서 사진 찍어도 되나요?
그럼요, 물론이죠.

괜찮은 카지노를 소개해 주시겠어요?

Could you recommend a good casino?

쿠쥬 레커멘더 굿 커시노

여기서는 어떤 게임(도박)을 할 수 있어요?

What kind of gambling can we play here?

왓 카인돕 갬벌링 캔 위 플레이 히얼

이 호텔에는 카지노가 있나요?

Is there any casino in this hotel?

이즈 데어레니 커시노 인 디스 호텔

게임(도박)을 하고 싶은데요.

I'd like to play gambling.

아이드 라익 투 플레이 갬벌링

칩을 현금으로 바꿔 주세요.

Cash my chips, please.

캐쉬 마이 칩스, 플리즈

이제 그만할게요.

I'll stop here.

아윌 스탑 히얼

Conversation

A: Where do I buy chips?
B: You can get them from me.

칩은 어디서 사죠?
여기서 살 수 있습니다.

>> 녹음을 듣고 소리내어 읽어볼까요?

듣기

이 근처에 유흥업소가 있나요?

Are there any clubs and bars around here?

알 데어래니 클럽스 앤 바스 어라운 히얼

괜찮은 나이트클럽 좀 추천해 주시겠어요?

Could you recommend a good night club?

쿠쥬 레커멘더 굿 나잇 클럽

디스코텍에 데리고 가주세요.

Take me to the disco, please.

테익 미 투 더 디스코, 플리즈

그 클럽의 쇼는 어떤 것이죠?

What kind of show do they have?

왓 카인돕 쇼 두 데이 햅

술값은 내나요?

Do you charge for drinks?

두 유 차쥐 풔 드링스

같이 춤을 추시겠어요?

Would you dance with me?

우쥬 댄스 위드 미

Conversation

A: **When does the show start?**
B: **Very soon, sir.**

쇼는 언제 시작되죠?
곧 시작됩니다.

» 녹음을 듣고 소리내어 읽어볼까요?   《《 듣기 》》

미식축구 경기를 보고 싶은데요.

I want to see an American football game.

아이 원투 씨 언 어메리컨 풋볼 게임

표는 구할 수 있나요?

Can I get a ticket?

캐나이 개러 티킷

좋아하는 스포츠가 뭐예요?

What's your favorite sport?

왓츄얼 페이버릿 스포츠

오늘 플레이할 수 있어요?

Can we play today?

캔 위 플레이 투데이

스키 용품은 어디서 빌릴 수 있죠?

Where can I rent ski equipment?

웨어 캐나이 렌트 스키 이큅먼ㅌ

서핑보드를 빌리고 싶은데요.

I'd like to rent a surfboard.

아이드 라익 투 렌터 서프보드

Conversation

A: **Can I make a reservation for golf?**
B: **Surely. When do you want to play golf?**

골프 예약을 해 주시겠어요?
알겠습니다. 언제 하시겠습니까?

>> 녹음을 듣고 소리내어 읽어볼까요?

<< 듣기 >>

문제가 생겼어요.

I have a problem.

아이 해버 프라블럼

어렵군요.

That's difficult.

댓츠 디피컬트

어떡하면 좋을지 모르겠어요.

I'm at a loss.

아임 애러 로스

꼼짝 못하게 갇혔어요.

I'm stuck.

아임 스턱

최악이야.

It's terrible.

잇츠 테러블

죽을 지경이에요.

I'm on the ropes.

아임 온 더 롭스

Conversation

A: What's wrong with you?
B: I'm on the ropes.

뭐가 잘못 됐어요?
죽을 지경이에요.

>> 녹음을 듣고 소리내어 읽어볼까요?　　　<< 듣기 >>

미안하지만 다시 한번요?

Pardon?

파든

다시 한번 말씀해주시겠어요?

Would you repeat that?

우쥬 리핏 댓

좀 더 천천히 말씀해 주시겠어요?

Would you speak more slowly?

우쥬 스픽 모어 슬로리

이 단어의 의미는 무엇입니까?

What does this word mean?

왓 더즈 디스 워드 민

여기 한국어를 하는 사람 있어요?

Does anyone here speak Korean?

더즈 애니원 히얼 스픽 코리언

미안합니다만, 못 들었어요.

I'm sorry, but I couldn't hear you.

아임 쏘리, 벗 아이 쿠든ㅌ 히얼 유

Conversation

A: **Do you speak English?**
B: **I don't speak English well.**

영어하세요?
영어를 잘하지는 못합니다.

● 대화 내용의 녹음을 듣고 우리말을 영어로 말해 보세요.

Unit 01

A: 지역 명소에 관한 안내책자 같은 거 있어요?

B: **Sure, here it is.**

Unit 02

A: 어디서 출발하죠?

B: **It starts from the hotel.**

Unit 03

A: 이 코스를 여행하는 데 시간이 얼마나 걸려요?

B: **It'll take about 4 hours.**

Unit 04

A: **Excuse me.** 박물관이 어디 있습니까?

B: **Go straight for about a mile.**

Unit 05

A: 여기서 사진 찍어도 되나요?

B: **Yes, of course.**

Unit 06

A: 칩은 어디서 사죠?

B: **You can get them from me.**

Unit 07

A: 쇼는 언제 시작되죠?

B: **Very soon, sir.**

Unit 08

A: 골프 예약을 해 주시겠어요?

B: **Surely. When do you want to play golf?**

Unit 09

A: **What's wrong with you?**

B: 죽을 지경이에요.

Unit 10

A: **Do you speak English?**

B: 영어를 잘하지는 못합니다.

12
PART

Travel Expressions

✿ 만만하게
✿ 눈으로 읽고
✿ 귀로 듣고
✿ 입으로 소리내어 말한다!

쇼핑

쇼핑 안내를 받을 때

쇼핑가는 어디죠?

Where is the shopping area?

웨어리즈 더 샤핑 에어리어

가장 큰 쇼핑센터는 어디에 있어요?

Where is the biggest shopping center?

웨어리즈 더 빅기스트 샤핑 센터

여기서 가장 가까운 슈퍼마켓은 어디죠?

Where is the nearest supermarket from here?

웨어리즈 더 니어리숫 슈퍼마켓 프롬 히얼

집사람에게 줄 선물을 찾고 있는데요.

I'm looking for a gift for my wife.

아임 룩킹 풔러 깁트 풔 마이 와이프

백화점은 어디에 있어요?

Where is the department store?

웨어리즈 더 디파트먼트 스토어

면세점은 어디 있어요?

Where is the duty free shop, please?

웨어리즈 더 듀리 프리 샵, 플리즈

Conversation

A: **Where's a good area for shopping?**
B: **5th(fifth) Avenue is good.**

쇼핑하기에 어디가 좋죠?
5번가가 좋아요.

쇼핑몰에서

매장 안내소는 어디에 있죠?

Where is the information booth?

웨어리즈 디 인풔메이션 부스

엘리베이터는 어디 있어요?

Where can I find the elevators?

웨얼 캐나이 파인 더 엘리베이럴즈

쇼핑 카트 있는 데가 어디죠?

Where can I get a shopping cart?

웨어 캐나이 게러 샤핑 카르트

그건 몇 층에 있나요?

Which floor is it on?

위치 플로어 이짓 온

화장품 코너는 어디에 있나요?

Where is the cosmetic counter?

웨어리즈 더 카즈메틱 카운터

이건 언제쯤 세일을 하죠?

When is it going to be on sale?

웨니즈 잇 고잉 투 비 온 세일

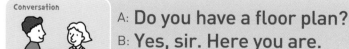

Conversation

A: **Do you have a floor plan?**
B: **Yes, sir. Here you are.**

매장 안내도 있나요?
네, 여기 있습니다.

물건을 찾을 때

도와드릴까요?

May I help you?

메아이 핼퓨

신발 매장은 어디 있어요?

Where can I find the shoes?

웨어 캐나이 파인더 슈즈

화장품 매장은 몇 층이에요?

Which floor is the cosmetics?

위치 플로어 이즈 더 카즈메틱스

그냥 둘러보고 있습니다.

I'm just looking.

아임 저슷 룩킹

제가 찾는 물건이 아닙니다.

That's not what I wanted.

댓츠 낫 워라이 원티드

더 작은 것은 없어요?

Don't you have a smaller one?

돈츄 해버 스몰러 원

Conversation

A: Could you gift-wrap it?

B: Yes, Ma'am.

선물용으로 포장해 주시겠어요?

네, 사모님.

>> 녹음을 듣고 소리내어 읽어볼까요?   << 듣기 >>

입어 봐도 될까요?

Can I try it on?

캐나이 트라잇 온

이건 좀 작네요.

This is a little tight.

디시저 리를 타잇

이 옷은 무슨 천이에요?

What material is this dress made of?

왓 메테리얼 이즈 디스 드레스 메이돕

이거 세탁기 돌려도 되나요?

Is this machine-washable?

이즈 디스 머신-워셔블

저 셔츠 좀 보여주시겠어요?

Will you show me that shirt?

월 유 쇼우 미 댓 셧

이걸로 살게요.

I'll take it.

아일 테이킷

Conversation

A: **It looks good on you.**
B: **It fits perfectly. I'll take it.**

잘 어울리시네요.
몸에도 딱 맞아요. 이걸로 살게요.

물건 값을 흥정할 때

너무 비싸요.
It's too expensive.
잇츠 투 익스펜십

가격은 적당하네요.
The price is reasonable.
더 프라이스 이즈 리즈너블

더 싼 것은 없나요?
Anything cheaper?
애니씽 칩퍼

할인해 줄 수 있어요?
Can you give me a discount?
캔 유 깁 미 어 디스카운

깎아주면 살게요.
If you discount I'll buy.
입퓨 디스카운 아일 바이

값은 깎지 마세요, 정찰제입니다.
We do not bargain. Our prices are fixed.
위 두 낫 바긴. 아워 프라이시즈 알 픽스트

Conversation

A: **It's out of my budget.**
B: **What's your budget?**

그건 제 예산 밖인데요.
예산이 어느 정도인데요?

>> 녹음을 듣고 소리내어 읽어볼까요?   《 듣기 》

얼마예요?
How much is it?
하우 머치 이짓

전부 얼마예요?
How much are they in all?
하우 머치 알 데이 인 올

세금은 포함되어 있나요?
Does it include tax?
더짓 인클루드 택스

이건 무료예요?
Is this free of charge?
이즈 디스 프리 옵 차쥐

계산서를 주세요.
May I have a receipt?
메아이 해버 리씻

계산이 틀린 것 같은데요.
I think these figures don't add up.
아이 씽 디즈 퓌거스 돈ㅌ 애덥

Conversation

A: How much are they in all?
B: Twenty-three dollars including tax.
전부 얼마죠?
세금을 포함해서 23달러입니다.

>> 녹음을 듣고 소리내어 읽어볼까요?   《 듣기 》

이것 좀 포장해 주세요.

Could you wrap this?

쿠쥬 랩 디스

선물용으로 포장해 주세요.

Wrap it up for a gift.

랩 이럽 풔러 깁트

선물용으로 포장하는 데 추가로 비용이 드나요?

Is there any extra charge for gift-wrapping?

이즈 데어래니 엑스트라 차쥐 풔 깁트-랩핑

이걸 따로따로 포장해 주세요.

Wrap them separately.

랩 댐 새퍼러틀리

배달해 줍니까?

Do you deliver?

두 유 딜리버

그걸 이 주소로 배달해 주세요.

Please deliver them to this address.

플리즈 딜리버 뎀 투 디스 어드레스

Conversation

A: **Do you deliver?**
B: **No, we don't.**

배달 되나요?
아뇨, 안 됩니다.

이걸 교환해 주시겠어요?

Can I exchange this?

캐나이 익스체인쥐 디스

다른 것으로 바꿔 주시겠어요?

Would you exchange it for another?

우쥬 익스체인짓 풔 어나더

여기 영수증 있습니다.

Here's the receipt.

히어즈 더 리씻

전혀 작동하지 않습니다.

It doesn't work at all.

잇 더즌ㅌ 웍 애롤

이걸 환불해 주시겠어요?

May I have a refund on this, please?

메아이 해버 리펀드 온 디스, 플리즈

이 표를 환불 받고 싶은데요.

I'd like to get a refund on this ticket.

아이드 라익 투 게러 리펀드 온 디스 티킷

Conversation

A: Would you exchange this for another?
B: Yes, of course. Do you have the receipt?

이걸 다른 것과 교환해 주시겠습니까?
물론이죠. 영수증 가지고 계십니까?

Unit 09 물건을 분실했을 때

지갑을 잃어버렸어요.
I lost my wallet.
아이 로슷 마이 윌릿

여권을 잃어버렸어요.
I have lost my passport.
아이 햅 로슷 마이 패스폿

그걸 어디서 잃어버렸는지 기억이 안 나요.
I don't remember where I left it.
아이 돈ㅌ 리멤버 웨어라이 랩팃

택시에 가방을 두고 내렸어요.
I left my bag in a taxi.
아이 렙트 마이 백 이너 택시

이 근처에서 가방 하나 보셨어요?
Did you see a bag around here?
디쥬 씨 어 백 어라운 히얼

분실물 센터는 어디입니까?
Where is the lost and found?
웨어리즈 더 로슷 앤 퐈운드

Conversation

A: Where have you lost it?
B: I can't quite remember.

어디서 잃어버렸나요?
기억이 가물가물해요.

지갑을 잃어버렸어요.

I lost my purse.

아이 로슷 마이 펄스

도난신고를 하고 싶어요.

I'd like to report a theft.

아이드 라익 투 리포터 쎄프트

옷가방을 도난당했어요.

I had my suitcase stolen.

아이 햇 마이 슛케이스 스톨른

지갑을 소매치기 당한 것 같아요.

My wallet was taken by a pickpocket.

마이 월릿 워즈 테이큰 바이 어 픽포킷

소매치기야!

Pickpocket!

픽포킷

경찰을 불러 주세요.

Call the police!

콜 더 폴리스

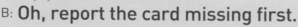

Conversation

A: **My purse was stolen!**
B: **Oh, report the card missing first.**

지갑을 도둑 맞았어요!
어머나, 카드분실 신고부터 하세요.

● 대화 내용의 녹음을 듣고 우리말을 영어로 말해 보세요.

Unit 01

A: 쇼핑하기에 어디가 좋죠?

B: **5th(fifth) Avenue is good.**

Unit 02

A: 매장 안내도 있나요?

B: **Yes, sir. Here you are.**

Unit 03

A: 선물용으로 포장해 주시겠어요?

B: **Yes, Ma'am.**

Unit 04

A: **It looks good on you.**

B: **It fits perfectly.**
　　이걸로 살게요.

Unit 05

A: 그건 제 예산 밖인데요.

B: **What's your budget?**

Unit 06

A: 전부 얼마죠?

B: **Twenty-three dollars including tax.**

Unit 07

A: 배달 되나요?

B: **No, we don't.**

Unit 08

A: 이걸 다른 것과 교환해 주시겠습니까?

B: **Yes, of course. Do you have the receipt?**

Unit 09

A: **Where have you lost it?**

B: 기억이 가물가물해요.

Unit 10

A: 지갑을 도둑 맞았어요!

B: **Oh, report the card missing first.**

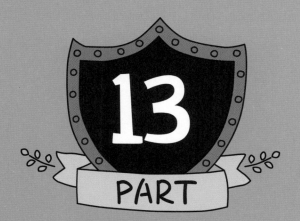

PART 13

Daily Expressions

- 만만하게
- 눈으로 읽고
- 귀로 듣고
- 입으로 소리내어 말한다!

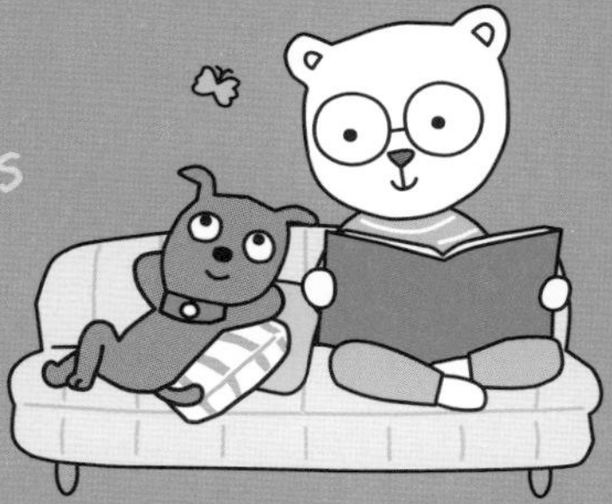

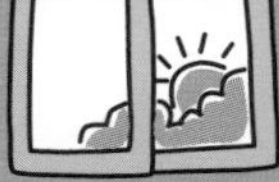

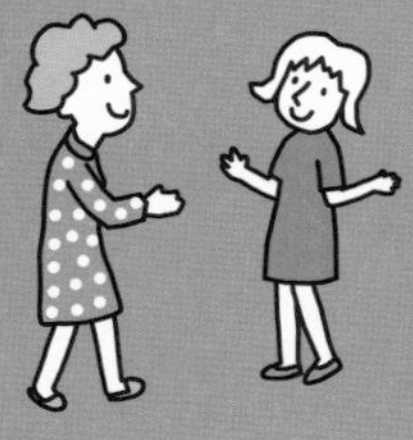

하루일과

아침에 일어날 때

일어났니?

Did you get up?

디쥬 게럽

얼른 일어나거라.

Get up quickly.

게럽 퀴클리

일어날 시간이야!

It's time to get up!

잇츠 타임 투 게럽

아직 졸려요.

I'm still sleepy.

아임 스틸 슬리피

잠은 잘 잤니?

Did you sleep well?

디쥬 슬립 웰

악몽을 꿨어요.

I had a nightmare.

아이 해더 나잇메어

Conversation

A: **Jane, did you get up?**
B: **Yes, I did.**

제인, 일어났니?
네, 일어났어요.

>> 녹음을 듣고 소리내어 읽어볼까요?

<< 듣기 >>

와서 밥 먹어.

Come and eat.

컴 앤 잇

밥 먹기 전에 손 씻어라.

Wash your hands before meals.

워시 유얼 핸즈 비풔 밀즈

오늘 아침은 뭐예요?

What's for breakfast?

왓츠 풔 블랙퍼슷

오늘 아침은 오믈렛이야.

I prepared an omelet for breakfast.

아이 프리페어던 어믈릿 풔 블랙퍼슷

잘 먹었습니다.

I've had enough.

아이브 햇 이넙

아침 먹을 시간 없어요.

I don't have time for breakfast.

아이 돈ㅌ 햅 타임 풔 블랙퍼슷

Conversation

A: Come and eat, Jane.
B: I'm coming, Mom.

제인, 와서 밥 먹어.
가요, 엄마.

>> 녹음을 듣고 소리내어 읽어볼까요?

<< 듣기 >>

이 닦았니?

Did you brush your teeth?

디쥬 브러쉬 유얼 티쓰

세수 했니?

Did you wash your face?

디쥬 워시 유얼 페이스

빨리 옷 입어라.

Hurry up and get dressed.

허리 업 앤 겟 드레스트

오늘은 뭘 입지?

What should I wear today?

왓 슈다이 웨어 투데이

다녀올게요.

I'm leaving.

아임 리빙

오늘은 몇 시에 돌아오니?

What time will you come home today?

왓 타임 윌 유 컴 홈 투데이

Conversation

A: **I'm leaving. Bye mom!**
B: **What time will you come home?**

다녀올게요, 엄마.
몇 시에 돌아오니?

>> 녹음을 듣고 소리내어 읽어볼까요?   << 듣기 >>

내 방은 너무 지저분해요.

My room is so messy.

마이 룸 이즈 쏘 메시

방 청소 좀 해라.

Clean up your room.

클리넙 유얼 룸

쓰레기 좀 내다버려 줄래?

Can you throw out the garbage?

캔 유 쓰로 아웃 더 가비쥐

설거지는 제가 할게요.

I'll do the dishes.

아일 두 더 디쉬즈

진공청소기로 바닥을 청소했어요.

I vacuumed the floor.

아이 배큐엄드 더 플로어

바닥 좀 닦아줄래?

Would you mop the floor?

우쥬 맙 더 플로어

A: **I'll do the dishes tonight.**
B: **That sounds good!**

오늘 저녁 설거지는 제가 할게요.
그거 좋은데!

>> 녹음을 들고 소리내어 읽어볼까요?   << 듣기 >>

빨래가 쌓여 있어요.
There's a pile of laundry.
데얼저 파일롭 런드리

다려야 할 옷이 산더미예요.
There's a huge pile of ironing.
데얼저 휴 파일롭 아이언닝

빨래를 해야 해요.
I have to do laundry.
아이 햅투 두 런드리

건조대에 빨래 좀 널어 줘요.
Hang out the washing on the rack, please.
행 아웃 더 워싱 온 더 랙, 플리즈

빨래를 개야 해요.
I have to fold the laundry.
아이 햅투 폴더 런드리

빨래할 거 있어요?
Do you have anything to wash?
두 유 햅 애니씽 투 워시

Conversation

A: **There's a pile of laundry.**
B: **I'll run the washing machine.**

빨래가 쌓여 있어요.
내가 세탁기 돌릴게요.

>> 녹음을 듣고 소리내어 읽어볼까요?

<< 듣기 >>

다녀왔습니다.
I'm home.
아임 홈

오늘 어땠어요?
How was your day?
하우 워쥬얼 데이

간식 좀 주세요.
May I have some snack?
메아이 햅 썸 스낵

저녁식사 준비됐어요.
Dinner's ready.
디너즈 레디

밥 먹기 전에 샤워할게요.
I'll take a shower before dinner.
아일 테이커 샤우어 비풔 디너

오늘은 좀 늦을 거예요.
I might be home late.
아이 마잇 비 홈 레잇

Conversation

A: **I'm home.**
B: **Come on, dinner's almost ready.**
다녀왔어요.
어서 오세요, 저녁 준비 거의 다 됐어요.

Unit 07 요리

내가 점심 준비할게요.

I'll fix lunch.

아일 픽스 런치

테이블 세팅은 내가 할게요.

Let me set the table.

렛 미 셋 더 테이블

반죽을 얇게 미세요.

Roll the dough thin.

롤 더 도우 씬

마늘하고 생강 좀 넣어주세요

Add in some garlic and ginger.

애딘 썸 갈릭 앤 진저

고기를 아주 얇게 저미세요.

Cut the meat into very thin slices.

컷 더 밋 인투 베리 씬 슬라이시스

양파를 버터에 볶아주세요.

Fry the onion in the butter.

프라이 디 어니언 인 더 버러

Conversation

A: Can I help you cooking?
B: Set the table.

요리하는 걸 좀 도와드릴까요?
식탁을 차려라.

>> 녹음을 듣고 소리내어 읽어볼까요?

 << 듣기 >>

오늘 저녁 메뉴는 뭐예요?
What's on the menu tonight?
왓츠 온 더 메뉴 투나잇

저녁은 어떤 걸 먹을까요?
What do you like for dinner?
왓 두 유 라익 풔 디너

반찬으로 불고기를 먹었어요.
I had bulgogi with side dishes.
아이 햇 불고기 윗 사이드 디쉬즈

우리는 토요일마다 음식 장을 봐요.
We go food shopping on Saturdays.
위 고우 풋 샤핑 온 세러데이즈

입에 맞게 소금으로 간을 맞추세요.
Season to taste with salt.
시즌 투 테이슷 윗 솔트

커피물 좀 올려주실래요?
Could you start the coffee?
쿠쥬 스탓 더 커피

Conversation

A: **What did you have for dinner?**
B: **I had a ham sandwich.**
저녁에 뭐 먹었어요?
햄샌드위치요.

>> 녹음을 듣고 소리내어 읽어볼까요?   << 듣기 >>

뜨거운 물로 목욕하고 싶어요.

I'd like to take a hot bath.

아이드 라익 투 테이커 핫 배스

텔레비전에서 뭐 재미있는 거 해요?

Is there anything good on TV?

이즈 데얼 애니씽 굿 온 티비

숙제는 했니?

Did you do your homework?

디쥬 두 유얼 홈웍

게임 좀 그만하지 그러니?

Why don't you just stop playing games?

와이 돈츄 저슷 스탑 플레잉 게임스

잭 ! 이제 잘 시간이야.

Hey, Jack! It's time for bed now.

헤이, 잭! 잇츠 타임 풔 벳 나우

잘 자. 좋은 꿈 꿔.

Goodnight. Sweet dreams.

굿나잇. 스윗 드림스

Conversation

A: **What are you doing?**
B: **I'm just watching TV.**

뭐하니?
그냥 TV 보고 있어요.

오늘 우리 뭐 할까요?

What shall we do today?

왓 쉘 위 두 투데이

낮잠을 자고 싶어요.

I want to take a nap.

아이 원투 테이커 냅

그냥 좀 쉬어야겠어요.

I need to just rest.

아이 닛 투 저슷 레슷

공원에 갈까요?

How about going to the park?

하우 어바웃 고잉 투 더 팍

장보러 갑시다.

Let's go grocery shopping.

렛츠 고 그로우서리 샤핑

오늘 저녁은 외식하는 게 어때요?

How about going out for dinner?

하우 어바웃 고잉 아웃 풔 디너

Conversation

A: **Get up! Let's go grocery shopping.**
B: **No, I want to sleep in on Sundays.**

일어나요! 장보러 갑시다.
싫어요. 일요일엔 늦잠자고 싶어요.

● 대화 내용의 녹음을 듣고 우리말을 영어로 말해 보세요.

Unit 01

A: **Jane,** 일어났니?

B: **Yes, I did.**

Unit 02

A: 제인, 와서 밥 먹어.

B: **I'm coming, Mom.**

Unit 03

A: 다녀올게요, 엄마.

B: **What time will you come home?**

Unit 04

A: 오늘 저녁 설거지는 제가 할게요.

B: **That sounds good!**

Unit 05

A: **There's a pile of laundry.**

B: 내가 세탁기 돌릴게요.

Unit 06

A: 다녀왔어요.

B: **Come on, dinner's almost ready.**

Unit 07

A: 요리하는 걸 좀 도와드릴까요?

B: **Set the table.**

Unit 08

A: 저녁에 뭐 먹었어요?

B: **I had a ham sandwich.**

Unit 09

A: **What are you doing?**

B: 그냥 TV 보고 있어요.

Unit 10

A: **Get up! Let's go grocery shopping.**

B: **No,** 일요일엔 늦잠자고 싶어요.

PART 14

Daily Expressions

✿ 만만하게
✿ 눈으로 읽고
✿ 귀로 듣고
✿ 입으로 소리내어 말한다!

학교생활

>> 녹음을 듣고 소리내어 읽어볼까요? << << 듣기 >>

입학사무실은 어디 있어요?

Where is the admission office?

웨어리즈 디 어드미션 오피스

성적증명서는 어디서 신청해요?

Where do I request my transcript?

웨얼 두 아이 리퀘스트 마이 트랜스크립

수강과목을 어떻게 추가하거나 취소할 수 있어요?

How do I add or drop classes?

하우 두 아이 애드 오어 드랍 클래시스

이 수업을 선택과목으로 들을 수 있을까요?

Can I take this class as an elective?

캐나이 테익 디스 클래스 애전 일랙팁

나는 남녀공용 층에 살아요.

I live on a co-ed floor.

아이 립 오너 코-에드 플로어

안내책자를 받지 못했어요.

I haven't received the brochure.

아이 해븐ㅌ 릿시브드 더 브러슈어

Conversation

A: **Where is the admission office?**
B: **Go straight.**

입학사무실은 어디 있어요?
곧장 가세요.

>> 녹음을 듣고 소리내어 읽어볼까요? 《 듣기 》

무슨 공부하세요?

What are you studying?

워라유 스터딩

역사를 공부하고 있어요.

I'm studying history.

아임 스터딩 히스토리

생물학을 공부하고 있어요.

I'm studying biology.

아임 스터딩 바이얼러지

전공이 뭐예요?

What's your major?

왓츄얼 메이저

경제학을 전공하고 있어요.

I'm majoring in economics.

아임 메이저링 인 이카나믹스

영문학을 전공했어요.

I majored in English literature.

아이 메이져딘 잉글리쉬 리터레춰

A: **What are you studying?**
B: **Elementary education.**

무슨 공부하세요?
초등교육이요.

질문 있어요.
I have a question.
아이 해버 퀘스쳔

좀 더 크게 말씀해 주시겠어요?
Could you speak up a little?
쿠쥬 스픽 업퍼 리를

더 쉬운 영어로 말씀해 주세요.
Speak in easier English.
스피킨 이지어 잉글리쉬

그거 어떻게 쓰죠?
How do you spell that?
하우 두 유 스펠 댓

그게 무슨 뜻이에요?
What do you mean by that?
왓 두 유 민 바이 댓

그것을 간단히 설명해 주시겠어요?
Can you explain it briefly?
캔 유 익스플레닛 브리플리

Conversation

A: **May I ask you a question?**
B: **Sure.**

질문 하나 해도 될까요?
물론이죠.

Unit 04 시험

>> 녹음을 듣고 소리내어 읽어볼까요?　　《《 듣기 》》

시험이 언제부터죠?
When does the exam start?
웬 더즈 디 이그젬 스탓

내일 시험이 있어요.
I have an exam tomorrow.
아이 해번 이그젬 투머러우

나 그 시험 완전 잘 봤어요.
I aced the test.
아이 에이스트 더 테슷

나 그 시험 잘 못 봤어요.
I didn't do well on the test.
아이 디든ㅌ 두 웰 온 더 테슷

시험을 망쳤어요.
I messed up on my test.
아이 메스트 어폰 마이 테슷

영어시험을 또 낙제했어요.
I failed the English exam again.
아이 페일드 디 잉글리쉬 이그잼 어게인

Conversation

A: I just heard I passed my exam.
B: Oh, that's great! Congratulations!

방금 내가 시험에 합격했다는 소식을 들었어요.
아, 정말 잘됐다! 축하해!

A 받았어요.
I got an A.
아이 가런 에이

영어시험은 100점 맞았어요.
I got 100 points on the English test.
아이 갓 원 헌드레드 포인츠 온 디 잉글리쉬 테슷

성적이 올랐어요.
My grades went up.
마이 글래이즈 웬텁

성적이 떨어졌어요.
My grades went down.
마이 글래이즈 웬ㅌ 다운

수학성적은 어땠어?
What was your score in Math?
왓 워쥬얼 스코어 인 매스

그는 자기 반에서 1등이에요.
He is at the top of his class.
히 이즈 앳 더 탑 옵 히즈 클래스

A: **Why do you seem so blue?**
B: **My grades went down.**
왜 그렇게 우울해 보이니?
성적이 떨어졌어요.

동아리활동

저는 밴드 동아리를 하고 있어요.

I'm in band club.

아임 인 밴드 클럽

어느 동아리에 들고 싶어요?

Which club do you want to join?

위치 클럽 두 유 원투 조인

우리 동아리에 들어오는 게 어때요?

How about joining our club?

하우 어바웃 조이닝 아워 클럽

지난달에 이 동아리에 가입했어요.

I joined this club last month.

아이 조인드 디스 클럽 래숫 먼스

이 동아리 회원이세요?

Are you a member of this club?

알 유 어 멤버롭 디스 클럽

가입 신청서를 써주세요.

Please fill out this membership form.

플리즈 필 아웃 디스 멤버쉽 폼

A: **How about joining our club?**
B: **I'm in band club.**

우리 동아리에 들어오는 게 어때요?
저는 밴드 동아리를 하고 있어요.

오늘은 개교기념일이에요.
It is a school anniversary.
잇 이저 스쿨 애니버서리

겨울방학이 다가와요.
The winter vacation is coming.
더 윈터 베케이션 이즈 커밍

난 새학기를 기다려요.
I look forward to the beginning of school.
아이 룩 풔워드 투 더 비기닝 옵 스쿨

오늘은 우리 학교 축제의 전야제가 있었어요.
We celebrated the eve of my school festival.
위 샐러브레잇 더 이봅 마이 스쿨 페스티벌

우리는 일본으로 수학여행을 갔어요.
We went on a school trip to Japan.
위 웬ㅌ 오너 스쿨 트립 투 재팬

딸아이가 오늘 소풍을 가요.
Our daughter is going on a picnic today.
아워 다우러 이즈 고잉 오너 피크닉 투데이

Conversation

A: Jane, it's time to get up!
B: It is a school anniversary, Mom.

제인, 일어날 시간이야!
오늘은 개교기념일이에요, 엄마.

>> 녹음을 듣고 소리내어 읽어볼까요?   << 듣기 >>

시간제 아르바이트 자리 있나요?

Are there any offers of part-time work?

알 데얼 애니 어퍼솝 파트-타임 웍

아르바이트를 찾고 있어요.

I'm looking for a part-time job.

아임 룩킹 풔러 파트-타임 잡

나는 과외 아르바이트를 해요.

I tutor as a part-time job.

아이 튜터 애저 파트-타임 잡

나는 방학 동안 아르바이트를 했어요.

I worked a part-time job during vacation.

아이 웍터 파트-타임 잡 듀어링 베케이션

어제 아르바이트를 구했어요.

I got a part-time job yesterday.

아이 가러 파트-타임 잡 예스터데이

나는 시간당 6달러 받고 아르바이트해요

I work part-time for 6 dollars an hour.

아이 웍 파트-타임 풔 식스 달러즈 언 아워

Conversation

A: What kind of part-time job shall we get?
B: Umm, I got a part-time job yesterday.

우리 어떤 아르바이트 할까?
음, 난 어제 아르바이트를 구했어.

만나는 사람 있어요?
Are you seeing anyone?
알 유 씨잉 애니원

커피 한 잔 할래요?
Fancy a coffee?
팬시 어 커피

저를 어떻게 생각하세요?
What do you think of me?
왓 두 유 씽콥 미

집까지 바래다 드려도 될까요?
Can I walk you home?
캐나이 월큐 홈

전화번호를 알 수 있을까요?
Could I take your phone number?
쿠다이 테이큐얼 포운 넘버

그녀는 연하남과 사귀고 있어요.
She is seeing a younger man.
쉬 이즈 씨잉 어 영거 맨

Conversation

A: **What do you think of me?**
B: **Sorry, you're not my type!**
날 어떻게 생각해?
미안하지만, 넌 내 타입 아니야.

>> 녹음을 듣고 소리내어 읽어볼까요?   << 듣기 >>

졸업 축하해요!
Congratulations on your graduation!
컨그래츄레이션스 온 유얼 그래쥬에이션

난 2011년에 졸업했어요.
I graduated in 2011.
아이 그래쥬에이티딘 투 싸우전 일레븐

우리는 그녀의 대학 졸업식에 참석했어요.
We attended her college graduation.
위 어텐딧 헐 칼리쥐 그래쥬에이션

졸업 선물 고마워요.
Thank you for the graduation gift.
땡큐 풔 더 그래쥬에이션 깁트

언제 졸업을 했죠?
When did you graduate?
웬 디쥬 그래쥬에잇

너 대학 졸업 언제하는 거야?
When do you graduate from college?
웬 두 유 그래쥬에잇 프럼 칼리쥐

Conversation

A: Congratulations on your graduation!
B: Thank you for coming.
졸업 축하해요!
와주셔서 고마워요.

● 대화 내용의 녹음을 듣고 우리말을 영어로 말해 보세요.

Unit 01

A: 입학사무실은 어디 있어요?

B: **Go straight.**

Unit 02

A: 무슨 공부하세요?

B: **Elementary education.**

Unit 03

A: 질문 하나 해도 될까요?

B: **Sure.**

Unit 04

A: 방금 내가 시험에 합격했다는 소식을 들었어요.

B: **Oh, that's great!
Congratulations!**

Unit 05

A: **Why do you seem so blue?**

B: 성적이 떨어졌어요.

Unit 06

A: 우리 동아리에 들어오는 게 어때요?

B: **I'm in band club.**

Unit 07

A: **Jane, it's time to get up!**

B: 오늘은 개교기념일이에요, 엄마.

Unit 08

A: **What kind of part-time job
shall we get?**

B: **Umm,** 난 어제 아르바이트를 구했어.

Unit 09

A: **What do you think of me?**

B: **Sorry,** 넌 내 타입 아니야.

Unit 10

A: 졸업 축하해요!

B: **Thank you for coming.**

PART

15

Daily Expressions

✿ 만만하게
✿ 눈으로 읽고
✿ 귀로 듣고
✿ 입으로 소리내어 말한다!

직장생활

뭐 타고 출근하세요?

How do you go to work?

하우 두 유 고 투 웍

난 자동차로 출근해요.

I go to work by car.

아이 고 투 웍 바이 카르

한 시간 정도 걸려요.

It takes about an hour.

잇 테익서바웃 언 아워

사무실이 집에서 가까워요.

The office is near to my house.

디 아피씨즈 니어 투 마이 하우스

몇 시에 퇴근하세요?

When do you get off?

웬 두 유 게롭

오늘 일은 몇 시에 끝나요?

What time do you get off work today?

왓 타임 두 유 게롭 웍 투데이

Conversation

A: **How do you go to work?**
B: **I go to work by bus.**

뭐 타고 출근하세요?
난 버스로 출근해요.

>> 녹음을 듣고 소리내어 읽어볼까요?

언제 입사하셨어요?

When did you join the company?

웬 디쥬 조인 더 컴퍼니

직책이 뭐예요?

What's your job title?

왓츄얼 잡 타이를

근무시간이 어떻게 되나요?

What are your office hours?

워라 유얼 어피스 아워즈

일에 점점 익숙해지고 있어요.

I'm getting used to the work.

아임 게링 유스터 더 웍

월급이 인상되어 기뻐요.

I'm happy to get a raise.

아임 해피 투 게러 레이즈

일주일에 이틀 쉬어요.

I have two days off each week.

아이 햅 투 데이좁 이치 웍

Conversation

A: I asked my boss for a raise.
B: What? What did he say?

사장님에게 월급 인상을 요구했어요.
뭐라구요? 그가 뭐래요?

컴퓨터와 인터넷

컴퓨터를 켜주세요.

Turn the computer on.

턴 더 컴퓨터 온

인터넷에 들어갔어요?

Did you go onto the internet?

디쥬 고 온투 디 인터넷

난 인터넷 서핑하는 거 좋아해요.

I like surfing the internet.

아이 라익 서핑 디 인터넷

난 지금 인터넷 게임을 하고 있어요.

I'm playing an internet game.

아임 플레잉 언 인터넷 게임

내 컴퓨터 바이러스 걸린 것 같아요.

I think my computer has a virus.

아이 씽 마이 컴퓨터 해저 바이러스

무선 인터넷 되나요?

Do you offer any wireless access?

두 유 오퍼래니 와이어리스 액세스

Conversation

A: **Do you offer any wireless access?**
B: **Yes, we do.**
무선 인터넷 되나요?
네, 됩니다

이메일 잘 받았습니다.

Thank you for your e-mail.

쌩큐 풔 유얼 이-메일

답장이 늦어서 죄송해요.

I'm sorry I'm replying so late.

아임 소리 아임 리플라잉 쏘 레잇

그 목록을 저한테 이메일로 보내주시겠어요?

Would you send me the list by e-mail?

우쥬 샌 미 더 리슷 바이 이메일

첨부 파일을 봐주세요.

Please see the attached file.

플리즈 씨 디 어태취드 파일

팩스 번호가 어떻게 됩니까?

What's your fax number?

왓츄얼 팩스 넘버

그 서류를 팩스로 보내 주세요.

Please send the documents by fax.

플리즈 샌 더 도큐멘츠 바이 팩스

Conversation

A: I sent you an e-mail but it got returned.
B: What? When?

이메일 보냈는데 되돌아왔던데요.
뭐라고요? 언제요?

회의 중입니다.

I'm in a meeting.

아임 이너 미링

10분 후에 회의가 있어요.

I have a meeting in 10 minutes.

아이 해버 미링 인 텐 미닛츠

회의를 미룹시다.

Let's postpone the meeting.

렛츠 포슷포운 더 미링

회의를 시작합시다.

Let's get down to business.

렛츠 겟 다운 투 비즈니스

다른 의견 없나요?

Any other suggestions?

애니 아더 석제스쳔스

여기서 마치겠습니다.

Let's wrap things up.

렛츠 랩 씽접

Conversation

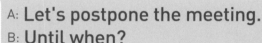

A: **Let's postpone the meeting.**
B: **Until when?**

회의를 미룹시다.
언제까지요?

>> 녹음을 듣고 소리내어 읽어볼까요? «« 듣기 »»

그것들은 2개 1벌로 판매합니다.

We sell them in pairs.

위 셀 뎀 인 페어즈

가격은 개당 20달러입니다.

The unit price is twenty dollars.

더 유닛 프라이스 이즈 투웨니 달러즈

상자 무게는 30킬로그램입니다.

The box weighs thirty kilograms.

더 박스 웨이스 썰티 킬로그램스

그 안을 채택하겠습니다.

We will adopt the plan.

위 윌 어답 더 플랜

계약에 동의하십니까?

Do you agree with the contract?

두 유 어그리 윗 더 컨트렉트

이것은 계약위반입니다.

This is a breach of contract.

디시저 브리취 옵 컨트렉트

Conversation

A: **What is the minimum amount I can order?**
B: **It's 10 cartons.**

주문 가능한 최소 수량은 얼마입니까?
10상자입니다.

>> 녹음을 듣고 소리내어 읽어볼까요?   << 듣기 >>

나 승진했어요!

I got promoted!

아이 갓 프러모우팃

그는 어제 좌천당했어요.

He was demoted yesterday.

히 워즈 디모우팃 예스터데이

그녀는 몇 달 전에 해고됐어요.

She was fired a few months ago.

쉬 워즈 파이어더 퓨 먼스 어고우

그녀는 이곳에서 정규직으로 일하나요?

Is she working full-time here?

이즈 쉬 워킹 풀-타임 히얼

그는 임시직이에요.

He is a temp.

히 이저 템

전근 신청을 했어요.

I put in for a transfer.

아이 푸린 풔러 트랜스풔

Conversation

A: I got promoted!
B: Wow, congratulations!

나 승진했어요!
와우, 축하해요!

>> 녹음을 듣고 소리내어 읽어볼까요?   << 듣기 >>

나 월급이 올랐어요.
I got a raise.
아이 가러 레이즈

나 월급이 깎였어요.
I got a pay cut.
아이 가러 페이 컷

초봉이 얼마나 되나요?
What's the starting salary?
왓츠 더 스타링 샐러리

월급날이 언제죠?
When's your payday?
웬쥬얼 페이데이

보수는 괜찮아요.
The pay is decent.
더 페이즈 디센트

급여 인상을 요구하는 게 어때요?
Why don't you ask for a raise?
와이 돈츄 애쓱 풔러 레이즈

Conversation

A: **I got a raise.**
B: **Great! That's certainly good news.**
나 월급이 올랐어.
대단해! 듣던 중 반가운 소리네.

>> 녹음을 듣고 소리내어 읽어볼까요?   << 듣기 >>

오늘 하루 월차예요.

I'll take today off.

아윌 테익 투데이 옵

오늘 오후 반차예요.

I'm off this afternoon.

아임 옵 디스 앱터눈

저는 내일부터 휴가예요.

My vacation begins tomorrow.

마이 베케이션 비긴스 터마로우

휴가 기간은 얼마나 되세요?

How long is your vacation?

하우 롱 이쥬얼 베케이션

그는 병가를 냈어요.

He called in sick.

히 콜딘 씩

어디로 휴가 가세요?

Where are you going on vacation?

웨어라 유 고잉 온 베케이션

Conversation

A: **I'm taking vacation for a week.**
B: **What are you doing during that time?**

저는 1주일 동안 휴가예요.
그동안 뭐 하실 거예요?

>> 녹음을 듣고 소리내어 읽어볼까요?   << 듣기 >>

저녁을 대접할게요.
Let me treat you to dinner.
렛 미 트릿츄 투 디너

제가 점심 살게요.
I'll buy you lunch.
아일 바이 유 런치

제가 한 잔 사겠습니다.
I'll treat you a drink.
아일 트릿 유 어 드링크

언제가 좋으실까요?
When is it convenient for you?
웬 이짓 컨비니언트 풔 유

오늘 저녁에 할 일 있으세요?
Are you doing anything this evening?
알 유 두잉 애니씽 디스 이브닝

한 잔 더 하러 갑시다.
Let's go have another round.
렛츠 고 햅 어나더 롸운드

Conversation

A: Let me treat you to dinner.
B: Thanks, but I have a previous engagement this evening.
저녁을 대접할게요.
고맙지만, 오늘 저녁엔 선약이 있어서요.

● 대화 내용의 녹음을 듣고 우리말을 영어로 말해 보세요.

Unit 01

A: **How do you go to work?**

B: 난 버스로 출근해요.

Unit 02

A: **I asked my boss for a raise.**

B: **What?** 그가 뭐래요?

Unit 03

A: 무선 인터넷 되나요?

B: **Yes, we do.**

Unit 04

A: 이메일 보냈는데 되돌아왔던데요.

B: **What? When?**

Unit 05

A: 회의를 미룹시다.

B: **Until when?**

Unit 06

A: 주문 가능한 최소 수량은 얼마입니까?

B: **It's 10 cartons.**

Unit 07

A: 나 승진했어요!

B: **Wow, congratulations!**

Unit 08

A: 나 월급이 올랐어.

B: **Great! That's certainly good news.**

Unit 09

A: 저는 1주일 동안 휴가예요.

B: **What are you doing during that time?**

Unit 10

A: 저녁을 대접할게요.

B: **Thanks, but I have a previous engagement this evening.**

PART 16

Daily Expressions

✿ 만만하게
✿ 눈으로 읽고
✿ 귀로 듣고
✿ 입으로 소리내어 말한다!

초대와 방문

제인이니?

Is Jane in?

이즈 제인 인

제인 있어요?

Is Jane there, please?

이즈 제인 데얼, 플리즈

제인 좀 바꿔주세요.

May I speak to Jane?

메아이 스픽 투 제인

톰인데요, 제인 좀 바꿔주세요.

This is Tom calling for Jane.

디시즈 탐 콜링 풔 제인

제인과 통화하고 싶습니다.

I'd like to speak to Jane, please.

아이드 라익 투 스픽 투 제인, 플리즈

말씀 좀 전해주시겠어요?

Could you take a message?

쿠쥬 테이커 메시쥐

Conversation

A: **Hello, Is Jane there, please?**
B: **Yes, speaking.**

여보세요. 제인 있어요?
네, 전데요.

전화를 받을 때

잠깐만 기다리세요.

Just a moment, please.

저슷터 모먼, 플리즈

잠깐만요.

Hang on a sec.

행 오너 섹

제인 바꿀게요.

I'll get Jane.

아일 겟 제인

그이에게 전화 드리라고 할까요?

Do you want him to call you back?

두유 원트 힘 투 콜 유 백

지금 다른 전화를 받고 계십니다.

He's on another line right now.

히즈 온 어나더 라인 롸잇 나우

지금 회의 중입니다.

He's in a meeting.

히즈 이너 미링

Conversation

A: Hello, This is Jane calling for Tom.
B: I'm sorry, but he's not here at the moment.

여보세요, 제인인데요, 톰 좀 바꿔주세요.
미안하지만, 지금 없는데요.

지금 뵈러 가도 될까요?
May I call on you now?
메아이 콜 온 유 나우

몇 시에 만날까요?
What time shall we meet?
왓 타임 쉘 위 밋

몇 시가 편해요?
What time is convenient for you?
왓 타임 이즈 컨비니언ㅌ 풔 유

몇 시가 가장 좋으세요?
What time is the best?
왓 타임 이즈 더 베슷

점심 약속 있으세요?
How are you fixed for lunch?
하우 알 유 픽스트 풔 런취

어디서 만날까요?
Where shall we meet?
웨어 쉘 위 밋

Conversation

A: **Can I see you, today?**

B: **I can't make it today, How about tomorrow?**

오늘 만날 수 있을까요?
오늘은 안 되겠는데, 내일은 어때요?

약속 제의에 응답할 때

좋아요.

That'll be fine.

댓일 비 퐈인

언제라도 좋을 때 오세요.

Come at any time you like.

컴 앳 애니 타임 유 라익

언제라도 좋아요.

Any time.

애니 타임

미안하지만 선약이 있어요.

Unfortunately, I have an appointment.

언풔처네이틀리, 아이 해번 어포인먼트

오늘은 안 되겠는데 내일은 어때요?

I can't make it today. How about tomorrow?

아이 캔ㅌ 메이킷 투데이. 하우 어바웃 터마로우

날짜를 다시 정할 수 있을까요?

Could we reschedule the date?

쿳 위 리스케줄 더 데잇

Conversation

A: **Jane, why don't we have a drink after work?**
B: **I'd love to.**

제인, 일 끝나고 한 잔 할래요?
좋아요.

>> 녹음을 듣고 소리내어 읽어볼까요? << 듣기 >>

저희집에 오시겠어요?
Would you like to come to my place?
우쥬 라익 투 컴 투 마이 플레이스

저희집에 식사하러 오시겠어요?
Can you come over to my place for dinner?
캔 유 컴 오버 투 마이 플레이스 풔 디너

언제 한번 놀러 오세요.
Please come and see me sometime.
플리즈 컴 앤 씨 미 썸타임

언제 한번 들르세요.
Please drop by sometime.
플리즈 드랍 바이 썸타임

언제 식사나 한번 같이 합시다.
Let's have lunch sometime.
렛츠 햅 런취 썸타임

제 생일 파티에 와 주세요.
Please come to my birthday party.
플리즈 컴 투 마이 벌쓰데이 파리

Conversation

A: **How about having dinner with me tonight?**
B: **I'd love to. Where shall we meet?**

오늘밤에 저와 저녁식사 하실래요?
좋아요. 어디서 만날까요?

≫ 녹음을 듣고 소리내어 읽어볼까요? 《 듣기 》

좋아요.
Great!
그레잇

꼭 갈게요.
I'll be there.
아일 비 데얼

기꺼이 가겠습니다.
I'll be glad to come.
아일 비 글랫 투 컴

좋아요.
That sounds good.
댓 사운즈 굿

초대해 주셔서 감사합니다.
That's very kind of you.
댓츠 베리 카인돕 유

미안하지만 갈 수 없습니다.
I'm sorry I can't.
아임 쏘리 아이 캔ㅌ

Conversation

A: **We're having a party tonight. Can you come?**
B: **Sure. I'll be there.**

오늘밤에 파티할 건데 올래?
그럼. 꼭 갈게.

브라운 씨 댁입니까?

Is this Mr. Brown's residence?

이즈 디스 미스터 브라운즈 레지던스

브라운씨 계세요?

Is Mr. Brown in?

이즈 미스터 브라운 인

인사하려고 잠깐 들렀습니다.

I just dropped in to say hello.

아이 저슷 드랍틴 투 세이 헬로우

나중에 다시 오겠습니다.

I'll come again later.

아일 컴 어게인 레이러

집이 깨끗하고 예쁘네요.

You have a bright and lovely home.

유 해버 브라잇 앤 러블리 홈

이거 받으세요.

Here's something for you.

히얼즈 썸씽 풔 유

Conversation

A: **Am I too early?**
B: **No, Alan and Emily are already here.**

제가 너무 일찍 왔나요?
아니에요, 알렌과 에밀리가 벌써 와 있어요.

어서 오세요.
You're most welcome.
유어 모슷 웰컴

와 줘서 정말 고마워요.
Thank you so much for coming.
땡큐 쏘 머치 풔 커밍

안으로 들어오세요.
Come in, please.
커민, 플리즈

앉으세요.
Please sit down.
플리즈 씻 다운

편히 계세요.
Please make yourself at home.
플리즈 메익 유얼셀프 앳 홈

우리 집을 구경시켜 드릴게요.
Let me show you around my house.
렛 미 쇼 유 어롸운 마이 하우스

Conversation

A: **Please make yourself at home.**
B: **Thank you. I feel at home already.**
편하게 계세요.
고마워요. 이미 편안해요.

>> 녹음을 듣고 소리내어 읽어볼까요?

저녁식사 준비 됐어요.

Dinner is ready.

디너리즈 레디

한국 음식 좋아하세요?

Do you like Korean food?

두 유 라익 코리언 푸드

많이 드세요.

Please help yourself.

플리즈 헬퓨얼셀프

입맛에 맞으시면 좋겠어요.

I hope you like it.

아이 호퓨 라이킷

후식으로 이 초콜릿 푸딩을 드셔 보세요.

Try this chocolate pudding for dessert.

트라이 디스 초콜릿 푸딩 풔 디젓

디저트 좀 더 드실래요?

Would you like some more dessert?

우쥬 라익 썸 모어 디젓

Conversation

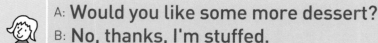

A: **Would you like some more dessert?**
B: **No, thanks, I'm stuffed.**

디저트 좀 더 드실래요?
고맙지만 배불러요.

이제 가봐야겠어요.
I think I should get going.
아이 씽카이 슛 겟 고잉

이렇게 늦었는지 몰랐어요.
I didn't realize how late it was.
아이 디든ㅌ 리얼라이즈 하우 레이릿 워즈

정말 맛있는 식사였어요.
Thank you for the nice dinner.
땡큐 풔 더 나이스 디너

이야기 즐거웠어요.
I've enjoyed talking with you.
아이브 인조이드 토킹 위듀

정말 즐거웠어요.
I've really enjoyed myself.
아이브 리얼리 인조이드 마이셀프

우리 집에 언제 한번 오세요.
Come over to my place sometime.
컴 오버 투 마이 플레이스 썸타임

Conversation

A: **I've had a great time. Thank you.**
B: **Oh, the pleasure was all mine.**
정말 즐거웠어요. 감사합니다.
아니에요, 오히려 제가 즐거웠어요.

● 대화 내용의 녹음을 듣고 우리말을 영어로 말해 보세요.

Unit 01

A: **Hello, Is Jane there, please?**

B: 네, 전데요.

Unit 02

A: **Hello, This is Jane calling for Tom.**

B: 미안하지만, 지금 없는데요.

Unit 03

A: 오늘 만날 수 있을까요?

B: **I can't make it today, How about tomorrow?**

Unit 04

A: **Jane,** 일 끝나고 한 잔 할래요?

B: **I'd love to.**

Unit 05

A: 오늘밤에 저와 저녁식사 하실래요?

B: **I'd love to. Where shall we meet?**

Unit 06

A: **We're having a party tonight. Can you come?**

B: 그럼. 꼭 갈게.

Unit 07

A: 제가 너무 일찍 왔나요?

B: **No, Alan and Emily are already here.**

Unit 08

A: **Please make yourself at home.**

B: **Thank you.** 이미 편안해요.

Unit 09

A: **Would you like some more dessert?**

B: 고맙지만 배불러요.

Unit 10

A: 정말 즐거웠어요. 감사합니다.

B: **Oh, the pleasure was all mine.**

PART 17

Daily Expressions

✿ 만만하게
✿ 눈으로 읽고
✿ 귀로 듣고
✿ 입으로 소리내어 말한다!

공공장소

>> 녹음을 듣고 소리내어 읽어볼까요?　　　<< 듣기 >>

현금자동지급기는 어디 있어요?

Where is the ATM?

웨어리즈 디 에이티엠

은행 카드를 잃어버렸어요.

I've lost my bank card.

아이브 로슷 마이 뱅카드

달러로 계산하면 얼마가 되죠?

How much is it in dollars?

하우 머취 이짓 인 달러즈

100달러를 잔돈으로 바꿔주시겠어요?

Can you break a 100-dollar bill?

캔유 브레이커 원 헌드렛 달러 빌

이 여행자 수표를 현금으로 바꿔주세요.

I'd like to cash this traveler's check.

아이드 라익 투 캐시 디스 트래블러스 첵

계좌를 개설하고 싶은데요.

I'd like to open an account.

아이드 라익 투 오픈 언 어카운트

Conversation

A: **Can I change some money here?**
B: **No, sir. You've got to go to window 5.**

여기서 돈을 바꿀 수 있나요?
아닙니다, 선생님. 5번 창구로 가셔야 합니다.

우체국에서

우표 10장 주세요.

Ten stamps, please.

텐 스템스, 플리즈

여기서 소포용 박스를 파나요?

Do you have parcel boxes here?

두 유 햅 파셀 박시즈 히얼

이 소포를 항공편으로 보내주세요.

Send this package by airmail, please.

샌 디스 패키지 바이 에어메일, 플리즈

서울까지 얼마나 걸릴까요?

How long will it take to reach Seoul?

하우 롱 윌릿 테익 투 리취 서울

항공우편 요금은 얼마예요?

What's the air mail rate?

왓츠 디 에어 메일 레잇

등기로 해주세요.

I'd like to send it by registered mail.

아이드 라익 투 센딧 바이 레지스텃 메일

Conversation

A: **I'd like to send this to Korea.**
B: **Surface mail, airmail, or special delivery?**
이것을 한국으로 부치고 싶습니다.
보통우편, 항공우편, 특급배송이 있는데요.

이발을 하고 싶은데요.
I would like to have a haircut.
아이 우드 라익 투 해버 헤어컷

이발과 면도를 해 주세요.
A haircut and shave, please.
어 헤어컷 앤 쉐이브, 플리즈

이발만 해주세요.
Just a haircut, please.
저스터 헤어컷, 플리즈

약간만 다듬어 주세요.
Just a little trim.
저스터 리를 트림

너무 짧게 하지 마세요.
Not too short, please.
낫 투 숏, 플리즈

머리를 염색하고 싶은데요.
I'd like to dye my hair.
아이드 라익 투 다이 마이 헤어

Conversation

A: **How would you like to do your hair?**
B: **Just a trim, please.**

머리 모양을 어떻게 해드릴까요?
다듬기만 해주세요.

Unit 04 미용실에서

≫ 녹음을 듣고 소리내어 읽어볼까요?   ≪ 듣기 ≫

오늘 오후 3시에 예약하고 싶은데요.

I'd like to have an appointment for 3 p.m.?

아이드 라익 투 해번 어포인트먼트 풔 쓰리 피엠

머리는 어떻게 해드릴까요?

How would you like your hair done?

하우 우쥬 라이큐어 헤어 돈

이 헤어스타일이 요즘 유행이에요.

This hairstyle is the latest fashion.

디스 헤어스타일 이즈 더 래잇티슷 패션

여기까지 짧게 잘라주실래요?

Can you cut it short, up to here?

캔 유 커릿 숏, 업 투 히얼

앞머리는 앞으로 내주세요.

I'd like to cut some bangs.

아이드 라익 투 컷 썸 뱅스

자연스럽게 해 주세요.

I want a casual hairdo.

아이 워너 캐주얼 헤어두

Conversation

A: **How about getting a perm?**
B: **OK, then a soft perm, please.**

파마를 하시는 게 어때요?
좋아요. 약하게 파마를 해 주세요.

세탁소에서

이 양복 드라이해 주세요.

I need to get this suit dry cleaned.

아이 닛 투 겟 디스 슛 드라이 클린드

이 얼룩 좀 빼주세요.

Can you remove the stains?

캔 유 리무브 더 스테인즈

언제쯤 다 될까요?

When is it ready?

웨니즈 잇 레디

이 바지 단 좀 줄여주실래요?

Can you hem these pants?

캔 유 햄 디즈 팬츠

세탁비용은 얼마예요?

How much do you charge for laundry?

하우 머취 두 유 차쥐 풔 런드리

내일 아침까지 이 셔츠가 필요해요.

I need this shirt by tomorrow morning.

아이 닛 디스 셧 바이 터마로우 모닝

Conversation

A: May I help you?
B: I need to get this suit dry cleaned.

무엇을 도와 드릴까요?
이 셔츠 좀 드라이해 주세요.

>> 녹음을 듣고 소리내어 읽어볼까요?   << 듣기 >>

원룸을 빌리고 싶은데요.

I want to rent a studio.

아이 원투 렌터 스튜디오

방 두 개짜리 아파트를 찾고 있어요.

I'm looking for a two bedroom apartment.

아임 룩킹 풔러 투 배드룸 아파트먼트

월세는 얼마예요?

How much is the monthly rent?

하우 머춰 이즈 더 먼쓸리 렌트

언제 입주할 수 있어요?

When can I move in?

웬 캐나이 무빈

보증금은 돌려받을 수 있나요?

Is the deposit refundable?

이즈 더 디파짓 리펀더블

아파트 좀 보여주시겠어요?

Would you mind showing me the apartment?

우쥬 마인드 쇼우잉 미 디 아파트먼트

Conversation

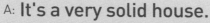

A: It's a very solid house.
B: Yes, it is. How much is the monthly rent?

아주 튼튼한 집이에요.
네, 그러네요. 월세는 얼마예요?

>> 녹음을 듣고 소리내어 읽어볼까요?   << 듣기 >>

이민국이 어디에 있죠?

Where is the Immigration office?

웨어리즈 더 이미그레이션 오피스

여권을 보여주시겠습니까?

May I see your passport?

메아이 씨 유얼 패스폿

얼마나 체류할 겁니까?

How long will you stay?

하우 롱 윌 유 스테이

무슨 일을 합니까?

What is your occupation?

와리즈 유얼 어큐페이션

방문 목적이 뭡니까?

What is the purpose of your visit?

와리즈 더 펄퍼스 옵 유얼 비짓

현금을 얼마나 갖고 있습니까?

How much cash are you carrying?

하우 머치 캐시 알 유 캐링

Conversation

A: **Are you an American citizen?**
B: **I am a green card holder.**

당신은 미국 시민입니까?
나는 영주권자입니다.

Unit 08 경찰서에서

지갑을 도둑맞았어요.
I had my purse stolen.
아이 햇 마이 펄스 스톨론

여권을 잃어버렸어요.
I have lost my passport.
아이 햅 로슷 마이 패스폿

자동차 사고가 났어요.
We've had a car accident.
위브 해더 카르 액시던트

내 잘못이 아니었어요.
It was not my fault.
잇 워즈 낫 마이 폴트

한국대사관에 전화를 좀 걸어주세요.
Please call the Korean Embassy.
플리즈 콜 더 코리언 엠버시

변호사와 얘기하고 싶어요.
I want to talk to a lawyer.
아이 원투 톡 투 어 로이어

A: **What's up?**
B: **I have to report a theft.**
무슨 일이세요?
도난 신고를 하려고요.

만지지 마세요.

Don't touch it.

돈ㅌ 터칫

여기서 사진 찍어도 돼요?

Can I take a picture here?

캐나이 테이커 픽춰 히얼

여기서 플래시를 사용해도 되나요?

May I use a flash here?

메아이 유저 플래쉬 히얼

입장료는 얼마예요?

How much is the admission fee?

하우 머취즈 디 어드미션 피

어른 두 장 주세요.

Two adults, please.

투 어덜츠, 플리즈

오후 6시에 폐관합니다.

The closing time is 6 p.m.

더 클로징 타임 이즈 식스 피엠

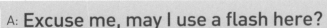

Conversation

A: Excuse me, may I use a flash here?

B: No. It's not allowed anywhere within this museum.

저기요, 여기서 플래시를 사용해도 되나요?

아니요. 이 박물관의 어디서든 안 됩니다.

이 책 빌릴 수 있나요?
Can I borrow this book?
캐나이 바로우 디스 북

책 대출 기간이 얼마나 되죠?
How long can I keep these books?
하우 롱 캐나이 킵 디즈 북스

이 책들의 대출 기간을 연장할 수 있어요?
May I renew these books?
메아이 리뉴 디즈 북스

몇 권까지 빌릴 수 있어요?
How many books can I check out?
하우 매니 북스 캐나이 체카웃

이 책들 반납할게요.
I'd like to return these books.
아이드 라익 투 리턴 디즈 북스

도서관 안에서 휴대폰을 사용하지 마세요.
Do not use a cellphone in the library.
두 낫 유저 셀포운 인 더 라이브러리

Conversation

A: **I want to check this book out.**
B: **May I see your library card?**

이 책을 대출하고 싶어요.
도서관 카드를 좀 보여주시겠어요?

● 대화 내용의 녹음을 듣고 우리말을 영어로 말해 보세요.

Unit 01

A: 여기서 돈을 바꿀 수 있나요?

B: **No, sir. You've got to go to window 5.**

Unit 02

A: 이것을 한국으로 부치고 싶습니다.

B: **Surface mail, airmail, or special delivery?**

Unit 03

A: **How would you like to do your hair?**

B: 다듬기만 해주세요.

Unit 04

A: **How about getting a perm?**

B: 좋아요. 약하게 파마를 해 주세요.

Unit 05

A: **May I help you?**

B: 이 셔츠 좀 드라이해 주세요.

Unit 06

A: **It's a very solid house.**

B: **Yes, it is.** 월세는 얼마예요?

Unit 07

A: **Are you an American citizen?**

B: 나는 영주권자입니다.

Unit 08

A: **What's up?**

B: 도난 신고를 하려고요.

Unit 09

A: **Excuse me,** 여기서 플래시를 사용해도 되나요?

B: **No. It's not allowed anywhere within this museum.**

Unit 10

A: 이 책을 대출하고 싶어요.

B: **May I see your library card?**

PART 18

Daily Expressions

- ✿ 만만하게
- ✿ 눈으로 읽고
- ✿ 귀로 듣고
- ✿ 입으로 소리내어 말한다!

병원

병원에서

이 근처에 병원이 있습니까?

Is there a hospital near here?

이즈 데어러 하스피털 니어 히얼

병원으로 데려가 주세요.

Could you take me to a hospital, please?

쿠쥬 테익 미 투 어 하스피털, 플리즈

진료예약을 할 수 있을까요?

Can I make a doctor's appointment?

캐나이 메이커 닥터스 어포인트먼트

외래환자 입구는 어디입니까?

Where's the entrance for out-patients?

웨얼즈 디 엔트런스 풔 아웃-페이션츠

접수창구는 어디입니까?

Where's the reception desk?

웨얼즈 더 리셉션 데스크

진료실은 어디입니까?

Where's the doctor's office?

웨얼즈 더 닥터스 오피스

Conversation

A: Excuse me, where's the reception desk?
B: Go up this way, it's on your right side.

실례합니다. 접수처가 어디 있어요?
이 길로 곧장 가시면 오른쪽에 있습니다.

증세를 물을 때

어디가 아파서 오셨습니까?

What brings you in?

왓 브링스 유 인

여기가 아픕니까?

Have you any pain here?

해뷰 애니 페인 히얼

어디가 아프세요?

Where do you have pain?

웨얼 두 유 햅 페인

이렇게 아픈지 얼마나 됐습니까?

How long have you had this pain?

하우 롱 해뷰 햇 디스 페인

또 다른 증상이 있습니까?

Do you have any other symptoms with it?

두 유 해버니 아더 심텀즈 위딧

오늘은 좀 어떠세요?

How do you feel today?

하우 두 유 필 투데이

Conversation

A: **Is something wrong with you?**
B: **I have a headache.**

어디가 아프세요?
머리가 아파요.

>> 녹음을 듣고 소리내어 읽어볼까요?

어지러워요.

I feel dizzy.

아이 필 디지

구역질이 나요.

I feel nauseous.

아이 필 노우시어스

식욕이 없어요.

I don't have any appetite.

아이 돈ㅌ 해버니 애퍼타잇

배탈이 났어요.

My stomach is upset.

마이 스터먹 이즈 업셋

눈이 피곤해요.

My eyes feel tired.

마이 아이즈 필 타이어드

콧물이 나요.

I have a runny nose.

아이 해버 러니 노우즈

Conversation

A: How long have you been coughing?

B: Oh, about three days.

기침한 지 얼마나 됐어요?

아, 한 사흘쯤 됐어요.

Unit 04 아픈 곳을 말할 때

머리가 아파요.
I have a headache.
아이 해버 헤데익

눈이 따끔거려요.
My eyes feel sandy.
마이 아이즈 필 샌디

이가 아파요.
I have a toothache.
아이 해버 투쎄익

목이 아파요.
I have a sore throat.
아이 해버 소어 쓰롯

무릎이 아파요.
I have a pain in my knee.
아이 해버 페인 인 마이 니

어깨가 뻐근해요.
My shoulders are stiff.
마이 숄더즈 알 스팁

Conversation

A: **My eyes get red and tired easily.**
B: **Put your forehead on here.**

눈이 쉬 충혈되고 피곤해요.
이마를 여기에 대세요.

검진을 받을 때

>> 녹음을 듣고 소리내어 읽어볼까요?   << 듣기 >>

진찰해 봅시다.

Let me see.

렛 미 씨

누우세요.

Please lie down.

플리즈 라이 다운

체온을 재 봅시다.

Let's take your temperature.

렛츠 테익큐얼 템퍼래춰

혈압을 재 봅시다.

Let's take your blood pressure.

렛츠 테익큐얼 블러드 프레슈어

목을 검사해 보겠습니다.

Let me examine your throat.

렛 미 이그재민 유얼 쓰롯

내려오세요.

Get down.

겟 다운

Conversation

A: Have you ever had any serious problems?
B: Yes, I had tuberculosis when I was a child.

큰 질병을 앓은 적이 있으세요?
네, 어릴 때에 결핵을 앓았습니다.

>> 녹음을 듣고 소리내어 읽어볼까요?   << 듣기 >>

몇 가지 검사를 해야겠어요.
We'll need to run some tests.
위일 닛 투 런 썸 테슷츠

수술을 해야 하나요?
Am I going to need surgery?
엠 아이 고잉 투 닛 써저리

수술같은 것은 안 받았어요.
I didn't have any operations or anything.
아이 디든ㅌ 해버니 아퍼레이션스 오어 애니씽

수술은 안 해도 될 것 같습니다.
We won't have to do surgery.
위 원ㅌ 햅 투 두 써저리

수술은 잘 되었습니다.
The surgery was fine.
더 써저리 워즈 퐈인

합병증은 없습니다.
There were no complications.
데얼 워 노 캄플케이션스

Conversation

A: **Amy out of surgery yet?**
B: **No, not yet. She should be soon.**
에이미 수술은 끝났어요?
아직요, 곧 끝날 거예요.

1인실로 주세요.
I want to have a private room.
아이 원투 해버 프리베잇 룸

공동 병실도 괜찮아요.
I'll be all right in a ward.
아일 비 올 롸잇 이너 워드

꼭 입원해야 하나요?
Do I have to go to the hospital?
두 아이 햅 투 고 투 더 하스피틀

얼마나 입원해야 해요?
How long will I have to be in the hospital?
하우 롱 윌 아이 햅 투 비 인 더 하스피틀

입원해도 보험이 적용될까요?
Will my insurance policy cover hospitalization?
윌 마이 인슈어런스 폴리시 커버 하스피틀라이제이션

언제 퇴원할 수 있죠?
When can I leave the hospital?
웬 캐나이 리브 더 하스피틀

Conversation

A: **When can I leave the hospital?**
B: **You'll be ready in a week.**

언제 퇴원할 수 있죠?
일주일 후에는 퇴원해도 될 겁니다.

치과에서

>> 녹음을 듣고 소리내어 읽어볼까요?

《 듣기 》

입을 벌리세요.
Please open your mouth.
플리즈 오픈 유얼 마우스

충치가 몇 개 있어요.
You have several cavities.
유 햅 세브럴 캐버티스

잇몸에 염증이 있어요.
You have gingivitis.
유 햅 진지바이터스

입을 헹구세요.
Please rinse your mouth.
플리즈 린스 유얼 마우스

치석을 제거해야 해요.
You need a scaling.
유 니더 스케일링

뱉으세요.
Please spit.
플리즈 스핏

Conversation

A: I'm going to numb it up now.
B: Yes, but be sure to numb it up good.

마취 주사를 놓을게요.
네, 안 아프게 해주세요.

>> 녹음을 듣고 소리내어 읽어볼까요?

<< 듣기 >>

면회 시간은 언제죠?

What time are visiting hours?

왓 타임 알 비짓팅 아워즈

외과 병동은 어디 있어요?

Where is the surgical ward?

웨어리즈 더 서지컬 워드

생각보다 건강해 보이네요.

You look better than I expected.

유 룩 베러 댄 아이 익스펙팃

틀림없이 곧 완쾌될 겁니다.

I'm sure you'll be completely cured.

아임 슈어 유일 비 컴플리틀리 큐엇

편하게 생각하고 푹 쉬세요.

Just take everything easy and relax.

저슷 테익 애브리씽 이지 앤 릴렉스

몸조리 잘 하세요.

Please take good care of yourself.

플리즈 테익 굿 케어롭 유얼셀프

Conversation

A: Please take care of yourself.
B: Thank you for coming by.

몸조리 잘 하세요.
와줘서 고마워요.

약국에서

이 약은 처방전이 필요합니까?

Is this a prescription drug?

이즈 디저 프리스크립션 드럭

이 처방전을 조제해 주시겠어요?

Would you make up this prescription, please?

우쥬 메이컵 디스 프리스크립션, 플리즈

붕대와 거즈 주세요.

I'd like some bandages and gauze.

아이드 라익 썸 밴디지스 앤 거즈

감기약 주세요.

I'd like some medicine for the cold.

아이드 라익 썸 메디슨 풔 더 콜드

여기 진통제가 들어 있습니까?

Is there any pain-killer in this?

이즈 데어래니 페인-킬러 인 디스

이 약을 먹으면 통증이 가라앉을까요?

Will this medicine relieve my pain?

윌 디스 메더슨 릴리브 마이 페인

Conversation

A: How many times a day should I take this?
B: You should take it every four hours.

하루에 몇 번 먹어요?
4시간마다 드세요.

● 대화 내용의 녹음을 듣고 우리말을 영어로 말해 보세요.

Unit 01

A: **Excuse me,** 접수처가 어디 있어요?

B: **Go up this way, it's on your right side.**

Unit 02

A: **Is something wrong with you?**

B: 머리가 아파요.

Unit 03

A: **How long have you been coughing?**

B: **Oh,** 한 사흘쯤 됐어요.

Unit 04

A: 눈이 쉬 충혈되고 피곤해요.

B: **Put your forehead on here.**

Unit 05

A: **Have you ever had any serious problems?**

B: **Yes,** 어릴 때에 결핵을 앓았습니다.

Unit 06

A: **Amy,** 수술은 끝났어요?

B: **No, not yet. She should be soon.**

Unit 07

A: 언제 퇴원할 수 있죠?

B: **You'll be ready in a week.**

Unit 08

A: **I'm going to numb it up now.**

B: 네, 안 아프게 해주세요.

Unit 09

A: 몸조리 잘 하세요.

B: **Thank you for coming by.**

Unit 10

A: 하루에 몇 번 먹어요?

B: **You should take it every four hours.**